KB267090

오늘, 창업 했습니다

창업몬 지음

너 이름이 뭐니

요즘 취업이 힘들다. 대학생들이 4년 내내 불안에 시달리고 있다. 운 좋게 취업을 하더라도 3~6개월 계약직이다. 계약이 끝나면 다시 회사에서 나와야 한다. 방황하는 청년들은 공무원 시험을 2~3년씩 준비하지만 그것도 만만하지 않다. 취업이 안 되거나 공무원 시험에 떨어진 사람들은 삶의 의미를 찾지 못하고 우울증에 걸리거나 히키코모리처럼 이 세상과 단절된 채 살아간다.

대기업 직원들 중에서도 자신들의 고되고 단조로운 삶에 의문을 던지는 사람들이 늘어나고 있다. 아무리 일을 해도 이 직장에서는 자신의 개성과 창의성이 무시당하는 것 같아 참을 수가 없다. 이 무기력한 세상 속에서 '창업'의 길을 선택한 네 명의 청년들이 우연히 창업 동아리에서 만났다.

웨딩사업가 아빠투툼몬, 음악하는 젬베몬, 미술하는 제네시오몬, 글쓰는 문화사업가 참새몬이 바로 우리들이다. 우리도 처음에는 서툴렀다. 사업을 시작하면서 실수들도 많았고, 경제적 어려움도 있었다. 부가가치세, 사업자 등록, 홍보는 다 어떻게 할 것인가? 우리에겐 짜여진 커리큘럼이 없었으며, 누구도 정답을 알지 못했다. 무엇보다 마음이 너무 불안했다.

하지만 우리가 함께 하는 시간이 많아지면서 효율적이고 신뢰할 수 있는 정보들이 많이 생겼다. 각자의 꿈과 희망, 어려움 등을 터놓고 이야기하면서 불안도 사라지기 시작했다. 우리는 더 큰 용기를 내어 우리 주변의 푸드트럭, 치킨집, 커피숍, 나무 공방, 벤처기업 창업자 등 삶을 역동적으로 사는 사람들을 만나기 시작했다. 그들의 생생한 목소리를 우리의 유쾌한 입담과 함께 담아 팟캐스트를 만들어보기로 하였다. 그렇게 팟캐스트 창업몬이 탄생하였다. 우리를 통해 지금도 그 어딘가에서 불안한 마음으로 창업을 준비하는 사람들에게 희망이 전달되었으면 좋겠다.

우리는 일하는 시간을 스스로 정하고 쉬고 싶을 때는 과감하게 쉬기도 한다. 되도록 하고 싶을 때 일을 한다. 자율적으로 시간을 쓰면 이상하게도 하루에 15시간 일을 해도 힘들지 않다. 노력을 한만큼 정직하게 보수가 돌아온다. 어제보다 오늘 더 성장한 것이 느껴진다. 좋아하는 일을 더 적극적으로 하고 있다. 우리는 이런 삶을 즐기고 있으며 더 많은 사람들에게 창업을 권하고 있다. 자, 시작은 언제나 팟캐스트 창업몬을 듣는 것이다.

강상오(35세)

뒤늦게 너무 많은 꿈이 생겨버린 하고잡이 청년

받은 명함보다 자기 명함이 더 많은 일 중독자

웨딩 정보 네이버 카페 운영하면서 결혼은 못 하는 어이없는 싱글

글만 올리면 1페이지에 딱 나오는 파워블로거

아빠투툼Music, 아빠투툼북스 대표

몬충기획 공동대표

http://cafe.naver.com/daddytt

음악을 하고 싶었던 어린 시절. 가정형편 때문에 접어야 했다. 공고를 졸업하고 불과 열아홉에 사회생활을 시작했고 15년을 일했다. 그리고 2013년, 암 선고를 받았다.

그냥 정기적인 건강검진이었다. 암 선고를 받으니 난감했다. 회사를 쉬면 그동안 일해 왔던 것들이 한 번에 다 날아갈 것 같다는 불안감 때문에 힘들었다. 암이라는 병의 두려움보다 회사를 쉰다는 불안감이 더 컸다니. 나는 무얼 위해 그토록 치열하게 살았던 걸까. 그리고 어느 해 11월 1일. 나는 창업했다.

3개월 동안 휴식을 취하면서 다시 음악이 하고 싶다는 생각이 들었다. 내가 할 줄 아는 것이 프로그램으로 녹음하고 편집하는 일이었다. 우연히 인터넷을 통해 이 작업을 필요로 하는 사람이 있다는 걸 알게 됐고, 그것이 시작이 되어 지금은 오디오 편집 작업을 못하는 사람들을 위해 오디오 편집하는 일을 하고 있다.

파워블로거가 되고 출판사까지 운영하게 된 것은 수술 후기를 쓰기 위해 시작한 블로그 때문이었다. 개인의 평범한 삶이 누군가에게는 특별한 콘텐츠가 된다. 앞으로도 삶의 경험에 대해 계속해서 책으로 만들어 갈 생각이다.

황원식(36세)

아직도 꿈이 대통령

사람의 마음을 꿰뚫는 심리상담사

철학적인 글쓰기를 좋아하는 문학 히키코모리

전국구 감사일기 쓰기 개척자

플라토닉 사랑을 믿는 로맨티스트

구글을 뛰어넘을 복합문화커뮤니티 참새 대표

http://blog.naver.com/hws321

대학 졸업 후 공무원 시험에 계속 떨어졌다. 몇 년 동안이나 분신처럼 가까웠던 이들이 한 순간에 내 곁을 매정하게 떠났다. 끝이 보이지 않는 터널 안을 막연하게 기어 다녔다. 열심히 하려고 했는데 아무도 내게 답을 주지 않았다. 아주 약간의 공백도 지독한 우울로 바로 연결되었다. '그때 ~하지 않았더라면…' 과거 한 치의 잘못들이 나를 언제까지나 구속했다.

그땐 정말 심각했다. 내가 살기 위해서는 스스로 답을 찾아야만 했다. 우선 공무원 시험을 미련 없이 포기했다. 독서클럽에 가입하고 새로운 사람들을 만났다. 블로그도 시작했다. 내게 생긴 큰 구멍들을 메워줄 뭔가가 필요했다. 온, 오프라인 모임을 만들어갔다. 새로운 사람들 앞에서는 약간 긴장이 되었고 우울은 잠시 주춤했다. 내 의식이 우울할 틈을 주지 않기로 하였다. 내 행동은 항상 생각보다 빨랐다. 그것이 내 유일한 전략이었다.

우여곡절 끝에 결국 사업을 시작하기는 했다. 부모님이 안 도와주면 내 힘으로 하겠다는 의지로 밀어붙였다. 비록 내가 원했던 장소와 조건은 아니지만, 아파트 상가 지하 작은 사무실에서 시작한 '복합문화커뮤니티 참새'. 거기서 시작은 글쓰기 모임과 심리 상담, 그리고 더 나아가 오프라인 게임, 프리마켓 등을 할 예정이다. 차차 참새가 상상했던 모든 것을 원 없이 해볼 생각이다.

신용운(29세)

대한민국 집중력 상위 0.0001%

한번 빠지면 끝장 보는 열혈 청년

대한민국을 놀라게 한 국가대표 마술사

사진을 예술로 만드는 사기꾼급 포토그래퍼

제네시오 매직 팩토리, GXD익스트림 스튜디오 대표

몬충기획 공동대표

http://genesius.co.kr

스물한 살, 마술이라는 전공을 살려 또래 친구들에 비해 빠른 취업을 했다. 그곳은 공연회사였는데, 친구들이 다니던 직장에 비하면 월급이 그리 넉넉하지는 않았지만 내가 하고 싶은 마술을 할 수 있었고 많은 것을 배우고 경험을 쌓을 수 있었을 뿐만 아니라 소중한 인연들을 만들어 준 곳이기도 했다.

하지만 낯선 타지 생활이 쉽지만은 않았고, '내가 좋아하는 일을 하고 있잖아!'하는 위로와 '평범한 회사처럼 안정적인 직장으로 가면 어떨까?'하는 유혹 가운데서 5년이라는 시간이 흘렀다. 5년 동안 회사 생활을 하며 느낀 한 가지는 '좋아하는 일'과 '하고 싶은 일'은 다르다는 것이었다. '좋아하는 일'을 하는 것은 포괄적인 의미에서 마술과 관련된 모든 일을 한다에 가깝지만 '하고 싶은 일'을 하는 것은 구체적으로 마술을 통해 어떤 일을 한다에 가까운 것이었다.

생각 끝에 회사를 그만두고 창업에 나섰다. 그리고 그동안 머릿속으로 생각하고 계획했던 마술로 하고 싶었던 일들을 하나씩 실행으로 옮기기 시작했다. 지금은 제네시오 매직 팩토리라는 회사를 통해 마술 공연과 교육(초등학교 방과 후 수업, 외부 강의), 마술과 관련된 다양한 콘텐츠를 제작(사진, 영상)하고 있다. 또 수도권이 아닌 다른 지역에서도 전문적이고 체계적인 마술 교육을 접할 수 있도록 학원을 시작했다.

마술사로서 무대의 주인공이 되어 사람들을 즐겁게 해주고, 때로는 포토그래퍼로서 사람들의 즐거움을 아름답게 담아 주면서 내 일을 진정 즐길 줄 아는 멋진 창업가가 되는 것이 목표다.

김용찬(33세)

웃길래 프로젝트 악역 전문 배우

게임방보다 더 많은 게임을 보유중인 게임마니아

설명하기 좋아하지만 설명은 잘 못하는 설명충

못 하는 일은 있어도 안 하는 일은 없는 만능 김반장

플래이 댓 뮤직 대표

몬충기획 공동대표

http://monchung.com

처음엔 그냥 음악이 하고 싶었다. 막연하게 회사를 다니며 친구들과 팀을 만들어 공연을 시작했다. 막상 공연을 하다보니 공연장 섭외, 음향, 조명 장비들을 빌리는 비용이 만만치 않았다. 비용 절감을 위해 우리가 직접 공연 기획을 해야겠다고 마음먹은 것이 창업의 시작이었다.

현재는 우리 공연뿐 아니라 다른 팀의 공연도 기획한다. 원래 있던 연습실의 규모를 키워서 일하고 있다. 공연도 하면서 플레이 댓 뮤직을 설립하게 됐다. 음악을 전공한 사람이든 취미인 사람이든 음악하는 것 자체가 힘들어서 포기하는 경우를 보았기 때문에 이런 사람들이 몸만 와서 음악을 할 수 있는 환경을 만들어주기 위해서 플레이 댓 뮤직이라는 단체를 설립하게 되었다. 처음엔 친구와 셋이서 시작했다가 사람들이 점점 늘어나면서 확장의 필요성을 느꼈다. 규모는 늘었지만 조금은 외진 곳으로 이전해서 연습실도 늘리고 회원들도 받아서 사업을 진행하고 있다. 내가 추구하는 것은 음악하고 싶은 사람들이 플레이댓 뮤직 안에서 모여서 서로 마음이 맞으면 팀을 만들어서 같이 공연도 다니는 것이다.

사업을 하면서 많은 부분에서 생각이 달라졌다. 처음에는 막연하게 내가 즐거운 것을 열심히 하면 무슨 일이든 된다고 생각했지만 지역에서 대중음악을 하기 위해서는 넘어야 할 산이 많았다. 숙고해온 결과, 내가 원하는 것을 이루려면 시장을 만들어야 한다는 것을 깨달았다. 문화예술 분야에서의 시장은 곧 문화이고 이제까지 없던 새로운 문화를 만드는 것, 그것이 바로 앞으로 나아가야 할 방향이다.

CONTENTS

억울하면 니가 사장해!

Chapter **1**

끝난 줄 알았지?
전쟁은 이제부터 시작이야

Chapter **2**

창업, 그냥 즐기CEO

Chapter 3

Chapter 1

억울하면 니가 사장해!

경기에서 전반전의 점수는 승패에 중요치 않습니다.
당신의 전반전이 실수 투성이었다고 해도 전반전을 끝낼 결심을 했다면,
이후 펼쳐질 후반전에만 집중하세요. 인생의 터닝포인트를 맞은 지금이
당신 인생의 승패를 좌우하는 순간입니다.

사업의 시작은 '사업자등록'으로부터

심리학자 빅터 프랭클은 시련은 그것의 의미를 알게 되는 순간 시련의 길을 멈춘다고 했습니다.

취업난과 경제 불황, 흙수저에 불과한 가정형편 등 우리가 탓할 시련은 많지만, 그것을 딛고 새로운 직업을 창조해내고 그것으로 인해 새로운 사업을 일궈내는 사람들도 있습니다.

우리가 시련을 단지 고통으로 바라보지 않고 그것이 나에게 어떤 의미가 있는지 평가하려고 한다면 우리의 시련이 더 이상 시련이 아니지 않을까요?

아빠투뭄몬　　　사업을 처음하면 누구나 제일 먼저 해야 하는 것, 바로 사업자등록인데요. 정말 기초부터 차근차근 쉽게 수다로 풀어보도록 합시다. 일단, 사업자등록 어떻게 하나요?

참새몬　　　사업자등록도 그 방법이 여러 가지예요. 직접 방문해도 되지만 인터넷으로 국세청 홈페이지에 들어가면 온라인으로 사업자등록을 신청할 수 있습니다.

젊은 창업자들의 경우, 오프라인보다 온라인이 편하고 시간, 체력 절약도 돼서 많이들 이용하시죠. 국세청 홈페이지 〉 사업자등록 〉 정보망에 개업 일자 등을 써서 신청하면 사업자등록이 완료됐다고 문자가 온답니다. 군이 사업자등록증이 필요 없다면 찾지 않아도 되고 그대로 사업을 개시하면 되죠. 만약 사업자등록증이 필요하게 되었다, 그럴 때는 세무서에 가면 바로 출력해줍니다.

온라인 사업자등록이 간편한 대신, 오프라인으로 직원의 안내를 받아 세금 관련 신고부터 자세히 설명을 들을 수 없다는 점을 감수해야 하죠.

아빠투뭄몬　　　저 같은 경우는 온라인으로 사업자등록을 했는데, 업종 기재를 할 때 정말 헷갈리더라구요. 종류가 비슷한 것이 너무 많고, 그렇다보니 제가 하고자 하는 사업이 정확히 어떤 것인지 혼란이 왔어요. 그래서 업종을 그냥 임의대로 넣고 등록하니 세무서 담당자에게서 전화가 왔어요. 조금 부끄럽기도 했지만 한편으로는 온라인으로 기입한 것이 맞지 않으면 이렇게 수정해서 등록해주는 것이 고맙고 안심이 되더라구요.

젬베몬 　개개인의 성격마다 다르겠지만 저 같은 경우는 사업자등록을 하기 전에 세무서에서 상담을 받아야 겠다는 생각에 세무서에 직접 찾아갔어요.

제네시오몬 　제 경우는 직접 가서 등록을 했어요. 학원으로 낸 사업자는 현금영수증 가맹점 표시하는 스티커도 제공해주고 꼼꼼하게 설명해주고 좋더라구요.

아빠투툼몬 　그러니 자신에게 맞는 스타일대로 등록하면 될 것 같아요. 제 경험은 인터넷으로 등록하고 싶긴 한데 잘못 등록할까봐 고민하시는 분께 드리는 팁이에요. 안심하고 일단 등록하시면 된답니다. 잘못하면 연락이 옵니다. (웃음)
여기서 질문, 사업자등록할 때 사업자 유형을 선택해야 할 텐데요. 일단 법인 vs 개인사업자. 이 선택이 첫 번째이겠네요. 어떻게 선택해야 하나요?

참새몬 　저 같은 경우는 인터넷 카페로 물건을 파는 참새마켓 사업을 해요. 사람들이 오프라인이든 온라인이든 기부하면 그 물건들을 제가 인터넷 카페에 올리고 그 물건을 필요로 하는 사람들이 그걸 보고 계좌로 돈을 송금하면 저는 물건을 집으로 배송하는 시스템이지요. 처음에는 사업자등록과 관련된 것을 모르고 사업을 시작하니 퍼뜩 사람들이 나에게 송금할 때 내 이름으로 된 계좌로 송금하면 신뢰도 면에서 안 좋겠다는 생각이 드는 거예요. 그래서 복합문화 커뮤니티 단체 이름이 들어갔으면 좋겠다는 생각에 그러기 위해서는 사업자 통장이 있어야 한다는 얘기를 듣고 세무서에 찾아갔죠. 그러자 다음과 같은 답이 돌아왔습니다.

"그렇게 하려면 단체의 이사회 회의록과 회칙과 직인이 필요합니다. 그래야 단체 이름으로 된 통장을 만들 수 있습니다."

그래서 필요한 서류들을 갖춰 단체 통장을 만들었죠. 근데, 알고 보니 막상 이 통장으로는 법적으로 수익사업을 못한다는 거예요. 수익사업을 하지 않는 단체로서 만드는 통장(동호회 통장)이 있고, 수익사업을 하는 법인 단체로서 만드는 통장이 있는데 후자를 만들려면 법인세를 내야 하는 거였죠. 그러니까 제가 원하는 것을 실현하려면 한마디로 법인 사업자를 내야 하는 거였어요.

일이 너무 커지고 돈도 많이 드는 것 같아서 고민한 끝에 통신 판매업종으로 간이사업자를 내는 방법이 있었어요. 법인이 아닌 개인사업자를 낸 거죠. 근데 개인사업자로 등록하니 통장 이름이 '복합커뮤니티 참새'로 찍히지 않고 제 본명이 찍히는 거예요. 그리고 괄호에 상호명 (복합커뮤니티 참새)이 찍혔죠. 그러니까 개인사업자로 했을 땐 처음 의

사업자등록 필요 서류 & 통장 만들기

사업자등록 필요 서류

사업자등록신청서, 임대차계약서 사본(사업장을 임차했을 때), 인허가 및 사업을
영위할 때 허가/등록/신고증 사본(허가/등록/신고를 하기 전에 등록할 때는 등
록 신청서 등의 사본 혹은 사업계획서 지참), 자금출처 명세서, 동업계약서(동업
을 하는 경우)

통장 만들기

통장에 개인 이름을 빼고 상호명만 들어가도록 하려면 법인사업자로 등록해야 합
니다. 개인 사업자의 경우 대표자 명의의 통장을 쓰게 되어있습니다. 사업 성격과
비용을 잘 고려하여 선택하면 되는데, 간단하게 홈쇼핑 사업 같은 것을 하는 거라
면 개인사업자로 등록하는 것을 더 추천합니다. 각 지역 은행에 가면 사업자 통장
을 별도로 만들 수 있으며, 본인 이름이 나오는 것을 원치 않는다면 사업자 등록증
을 내고 통장을 만들면 됩니다.

도한대로 완벽하게 제 이름을 지울 순 없었어요. 혹시 저와 같은 고민
을 하는 분이 계시다면 저처럼 우여곡절을 겪지 않으셨으면 좋겠네요.

아빠투툼몬   그런데 참새몬의 경우 비영리단체로 등록하는 게
더 유리하지 않나요?

참새몬   비영리단체는 좀 복잡해요. 예전에 비영리단체를
시도해봤는데 비영리단체를 등록하려고 하니까 회원 100명의 서명

을 받아 오라더라구요. 1년치 예산 계획서도 가져가야 해요. 사실 비영리단체로 등록하면 세금 부분뿐만 아니라 그 외 혜택도 많아요. 한 가지 예로, 네이버의 경우 등록하면 해피빈 콩도 받을 수 있어요.

아빠투툼몬　　한 가지 궁금한 게, 비영리단체라면 영리활동을 하지 않는 거잖아요. 그럼 아예 영리가 없는 사업이어야 하는 건가요?

젬베몬　　단체가 사용하는 시설비용, 인건비 또는 진행 사업비 등 비영리단체도 지출되는 돈이 많습니다. 기부 받는 물품을 통해 얻는 이익 또는 기부금을 이런 곳에 사용하되 매출액과 매입액이 딱 맞아야 해요. 즉 이익이 없어야 하는 거죠.

아빠투툼몬　　그렇군요. 사업자등록을 하기 전에 먼저 내가 하려고 하는 사업의 성격을 파악해서 업종과 업태를 잘 정하는 것이 중요하겠어요. 업종과 업태가 헷갈릴 때는 어떻게 하는 것이 좋을까요?

제네시오몬　　요즘은 세무서마다 안내해주는 담당자가 따로 있어서 찾아가면 상세하게 얘기해줘요. 저 또한 업종 선택이 가장 큰 고민이었어요. 저 같은 경우, 스튜디오를 운영했는데 그게 사진촬영이 될 수도 있고 영상촬영이 될 수도 있잖아요. 그게 다 다르거든요. 그 와중에 공연업종이 또 있기 때문에 이걸 어떻게 해야 할까 고민을 많이

개인 사업자와 법인의 차이

개인 사업자

개인사업자는 회사를 설립하는 데 상법상 별도의 절차가 필요하지 않습니다. 따라서 비교적 빠르고 간편하게 사업을 시작할 수 있습니다. 또한 사업 이익 전부가 사업자에 귀속되기 때문에 사업자가 사업에 대한 모든 책임을 지게 됩니다.

법인

법인의 경우는 별도로 법인설립 절차를 진행하여 설립을 하게 됩니다. 다수 출자자로부터 거액의 자본금 형성이 가능하고 기업 활동의 지속성을 유지할 수 있습니다. 또한 기업의 이미지 관리가 용이해 대외 브랜드 강화에 유리하며, 세제혜택을 상대적으로 많이 받을 수 있다는 장점이 있습니다. 하지만 공동의사 결정에 대한 문제나 법률상의 의무 및 규제가 많아 개인사업자에 비해 기업 활동이 자유롭지 못한 단점이 있습니다.

개인사업자 vs 법인

사업을 시작하게 되면 개인사업자로 시작하느냐 법인을 설립하느냐에 대한 선택을 해야 되는 경우가 있습니다. 개인사업자의 경우는 비교적 회사 활동이 자유로운 소규모 사업에 적합한 편이며 법인을 설립해야 되는 경우는 많은 자본을 투자받아 사업의 규모를 크게 시작하는 경우 고려해 보는 것이 좋습니다.

또한 개인사업자와 법인의 가장 큰 차이점이 세금체계입니다. 개인사업자는 부가세, 소득세에 대한 납부의 의무를 가지고 있으며 법인의 경우는 부가세, 법인세를 납부해야 합니다. 이러한 소득세, 법인세에 대한 세율 구조가 저소득일수록 소득세가 유리하며 회사의 소득이 올라갈수록 법인세가 납부 할 세금이 더 낮아지는 구조이기 때문에 일반적으로 개인사업자의 경우 일정 소득 이상이 되어 '성실신고 확인 제도 대상자'가 되었을 때 법인 전환을 생각하는 경우가 많습니다.

했었죠. 세무서 직원들도 명확하게 분리하기 어려워하는 경우가 있어요. 업종이란 것이 명확한 것은 아닌 것 같아요. 똑같은 일을 하더라도 업종이 다른 경우가 많습니다. 업종에 따른 관련 법률이 다르기 때문에 (예를 들어 서비스업은 서비스업에 대한 법률이 몇 가지 있고, 그런 법률을 적용하기 위해 사업 방향이나 계획이 달라지므로) 사실 내가 어떻게 등록하는가가 중요한 게 아닌 것 같아요. 대신에 자신이 사업하는 것에 대해 본인이 명확하게 알고 앞으로 계획을 세워나가는 데 있어서 준비를 해야 하니까 그 부분을 다 알아놓고 하는 게 유리하다고 생각해요.

아빠투툼몬　　그럼 이제 세금 이야기를 좀 해보죠. 사실 이게 제일 중요하지 않을까 싶은데, 사업자등록을 할 때, 사업 성격에 맞게 간이과세자와 일반과세지를 선택하는 건가요?

제네시오몬　　네. 사업자등록을 진행할 때 사업자 유형을 선택해야 하는데 그 과정에서 부가세가 과세되는 사업을 하는 경우, 일반과세자와 간이과세자 중 하나의 유형을 선택해야만 해요. 일반과세자와 간이과세자는 세금 계산방법 및 세금계산서 발급 가능 여부 등 여러 면에서 차이가 있어서 사업자등록 전에 자신의 사업이 어디에 적합한지 파악해야 합니다. 저는 교육 사업(학원)을 하고 있기 때문에 추가로 면세사업자가 하나 있어요. 스튜디오 쪽은 일반과세자로 등록했죠.

아빠투툼몬　　　면세사업자란 무엇인가요?

제네시오몬　　　여러 가지 면세사업자들이 있어요. 예를 들어 출판업, 극단. 이런 쪽은 면세사업자로 등록할 수 있어요. 면세사업자로 등록하면 부가가치세를 내지 않아요. 종합소득세는 내야 하구요.

아빠투툼몬　　　일반과세자, 간이과세자는 뭘 기준으로 나눠지는 건가요?

제네시오몬　　　연간매출액이 4800만 원 이상으로 예상되거나 간이과세자 배제 업종 또는 지역에서 사업을 하는 경우 일반과세자로 등록해야 합니다. 즉, 간이과세자는 연간매출액이 4800만 원에 미달될 것으로 예상되는 소규모 사업자가 등록하는 것이죠. 그리고 참고할 것은 두 개 이상의 사업장을 운영하는 경우, 한 개 사업장이 일반과세자로 등록되어 있다면, 나머지 사업장도 일반과세자가 되어야 합니다. (개인택시, 용달차운송업, 이·미용업 등은 제외)

참새몬　　　둘을 간단히 비교해보자면, 간이과세자는 일반과세자가 매입세금계산서상의 부가가치세액 전액을 공제받을 수 있는 것과는 달리 매입세액의 5~30%만 공제받을 수 있고, 세금계산서도 발행할 수 없다는 단점이 있어요. 하지만 부가가치세 측면에서는 혜택이 더 크다고 할 수 있습니다.

아빠투툼몬　　　세금 이야기가 나오니까 좀 어려워지시죠? 좀 더 자세히 설명하자면, 일반과세자의 경우 부가가치세가 매출의 10% 매입의 10%가 끝인데 간이과세자의 경우 부가가치율에 따른 부가세를 계산하게 되어있어요. 업태에 따라 서비스업은 몇 %를 적용하고 음식점은 몇 %를 적용하는 등 간이과세자는 매출액에 업종별 부가가치율을 추가로 곱해줘서 최종적으로 0.5~3%의 세율이 적용된답니다. 예를 들어, 간이과세자로서 식당을 하는 경우 부가가치율이 10%입니다. 그러니까 이 사람은 원래 부가세로 매겨지는 매출의 10%에 업종별 부가가치율 10%가 매겨져 결론적으로 매출의 1%를 납부하는 게 됩니다. 일반과세자는 매출 발생시 10%의 부가세에서 매입시 지출한 부가세를 차감한 금액이 적용돼요. 부가가치세는 '매출세액 – 매입세액=납부세액'이거든요. 간이과세자는 일반과세자에 비해 낮은 세율이 적용되니까 납부세액이 일반과세자보다 적죠.

젬베몬　　　세금계산서 발급 유무의 차이도 있는데, 간이과세자일 경우 세금계산서 발급이 불가능하기 때문에 거래처에서 부가가치세 신고 시 매입세액공제 혜택을 받지 못해 간이과세자와의 거래를 꺼리는 거래처들도 있어요. 만약 거래처가 많은 사업을 하거나, 거래처가 세금계산서 발급을 요구하는 경우에는 일반과세자로 사업을 시작하는 것이 수월할 수도 있어요. 그런데 앞서도 말했듯이 세금 혜택을 고려했을 때, 초기 투자금액이 많지 않은 소규모 사업의 경우는 간이과세자로 시작하는 것을 추천해요.

참새몬　　　그럼 궁금한 것이, 간이과세자로 등록했는데 대박이 나서 매출이 4800만 원을 넘겼다면 어떻게 되나요?

제네시오몬　　　그런 경우, 다음해 1월 25일에 매출확정 신고를 한 뒤 일반과세자로 유형전환을 하도록 되어 있어요. 또 하나 조언드리자면, 간이과세자의 경우 일반과세자와 달리 매입세액공제를 전액 받을 수 없어서 영수증이나 매출, 매입 내역 증빙 서류를 소홀히 관리하시는 분들도 있는데, 차후 종합소득세 신고를 생각해서 꼼꼼하게 관리하시는 게 좋답니다.

젬베몬　　　세금 이야기를 하니 머리가 아파오는데, 그래도 알아야 할 건 짚고 넘어가야겠죠? 부가세 신고는 어떻게 해야 하나요? 그것도 사장이 하는 건가요?

아빠투툼몬　　　세무사 사무소에 맡기지 않는다면, 사업자가 해야겠지요. 매입매출전표나 영수증, 계좌이체 내역, 통장내역, 카드 통지서들을 가지고 있어야 정리하기 쉽습니다. 카드나 계좌의 경우는 인

한눈에 정리해보는 일반과세자 vs 간이과세자

구분	일반과세자	간이과세자
대상 사업자	간이과세자가 아닌 개인과세 사업자와 법인과세사업자	직전 과세기간 공급대가 4,800만원 미만인 개인사업자(간이과세 배제대상 제외)
과세기간	1기 : 1월 1일 ~ 6월 30일 2기 : 7월 1일 ~ 12월 31일	1월 1일 ~ 12월 31일 (2013.1.1. 이후 개시하는 과세기간부터 개정)
과세표준	공급가액	공급대가(부가가치세 포함금액)
세율	10%, 0%(영세율)	업종별 부가가치율×10%, 0%(영세율)
거래징수	의무 있음(법15조)	별도 규정 없음(부가-718, 2012.6.22)
납부세액	매출세액–매입세액–공제세액	과세표준(공급대가)×당해 업종별 부가가치율×10%–공급세액
세금계산서 발급	원칙적으로 세금계산서 발급 영수증도 발급가능	영수증만 발급 (세금계산서 발급 불가)
매입세액	전액 매입세액으로 공제	매입세액×업종별 부가가치율(5%~30%)을 곱한 금액을 공제
예정신고 납부	법인 : 반드시 예정신고 개인 : 예정고지 및 조기환급 등 예정신고(20만원 미만 등 예정고지 생략)	예정고지 및 사업부진 등 일부 예정 신고 가능 (20만원 미만 등 예정고지 생략)
납부의무 면제	적용대상 아님	해당 과세기간 공급대가 2,400만원 미만인 경우 납부의무 면제 (재고납부세액 제외)
가산세	세금계산서 관련 가산세 있음 미등록시 : 공급가액의 1%	세금계산서 관련 가산세 없음 미등록시 : 공급대가의 0.5%
기장	장부에 의하여 기장	발급받았거나 발급한 세금계산서 또는 영수증으로 갈음

*두 사업자 모두 종합소득세 적용은 같고 부가가치세에서만 차이를 보입니다.

그 외 참고사항

- 신규 개인 사업자는 1사분기나 3사분기에 개업을 하면, 그 분기가 끝나는 달의 말일부터 25일 내에 신고를 한 번 더 해야 합니다.
- 사업설비를 구입, 수출하는 경우 부가세를 조기에 환급받는 것이 가능해요. 이런 경우 세무서에 문의해서 절차를 밟아 진행하면 됩니다.

터넷으로 내역을 다 뽑을 수 있고 현금 영수증을 발급한 경우도 홈텍스에 들어가면 모두 조회가 가능하기 때문에 거기서 하면 됩니다. 매입매출 같은 경우는 요즘 전자세금계산서를 많이 쓰잖아요. 그렇게 할 경우에는 크게 상관없는데 만약에 종이로 간이계산서를 쓸 경우 그 증빙자료를 다 갖고 있어야 해요. 그래야 만약에 내가 매출이 있는데 실수로 신고를 못했을 경우, 증빙자료를 제출해야 탈세가 안 됩니다. 그러니까 일단 영수증은 일단 싹 다 모으세요! (웃음)

참새몬　　　　물론 요즘엔 전자로 다 되니까 혹여나 영수증을 모으지 못하더라도 크게 문제는 없어요. 그리고 신용카드로 매입하는 경우가 많기에 다 기록에 남아서 카드가 편하긴 해요. 회계사무소에 들어가는 수수료보다 카드 수수료가 더 싸니까요. 그래도 요즘은 인

매입매출관리에 도움이 되는 사이트

국세청 홈택스 (www.hometax.go.kr)
　국세청에서 운영하는 납세 자동화 서비스. 홈택스에서는 세금 계산서 발행부터 세금 납부, 조회, 증명서 출력 등을 할 수 있다. 세금관련 업무를 하기 위해서는 필수적으로 이용해야 되는 사이트.

국세청 간편장부 (국세청 홈페이지 www.nts.go.kr)
소규모 사업자를 위하여 국세청에서 만든 장부 프로그램. 회계지식이 없는 사람이라도 수입과 비용을 가계부 작성하듯이 쉽고 간편하게 작성 가능.

터넷으로 이런 게 관리가 다 돼서 참 편해요. 사업자 카드도 홈텍스에 등록해두면 매입매출이 편하게 다 정리됩니다.

젬베몬   세금 신고에 대해서는 다음 챕터에서 더 자세히 이야기해보기로 하고, 청년 사업가라면 사업자등록과 함께 준비해야 할 것이 온라인 플랫폼 같은데, 어떻게 운영하고 있나요?

제네시오몬   저는 홈페이지를 오픈해서 사용하고 있어요. 보통 사업자등록상에 있는 사업자 명과 홈페이지의 이름이 반드시 똑같아야 한다고 생각하시는데, 꼭 그렇지만은 않아요. 제가 운영하는 마술회사의 사업자등록명이 GXD 익스트림 스튜디오인데, 홈페이지명은 제네시오 매직 팩토리로 했죠. 삼성전자도 기업명은 삼성전자이지만 갤럭시 홈페이지를 따로 만드는 것과 비슷하게 이해하면 될 것 같아요.

젬베몬   홈페이지 하단에 사업자등록과 관련된 내용이 기재되어 있는데 그것을 무조건 적어야 하나요?

제네시오몬   통신판매업의 경우 무조건 기재해야 합니다. 홈페이지 상에서 거래가 이루어진다면 반드시 통신판매업을 신고해야 하구요. 통신판매업의 경우 신고는 국세청에서 하는 것이 아니라 보통은 구청에서 별도로 해야 합니다.

아빠투툼뫈　　　저는 네이버 카페를 사용하고 있습니다. 카페에는 사업자등록 관련 내용을 위젯으로 달 수 있어요. 위젯으로 달면 카페에 조회 버튼이 뜨고, 카페에 들어온 사람이 그걸 누르면 자동으로 국세청으로 연결돼서 이 사업자가 어떤 사업자인지 조회할 수 있죠. 이건 반드시 게재해야 하는 사항이에요. 통신판매업도 이젠 법이 바뀌어서 예전엔 무조건 등록을 했어야 했는데 최근에는 범계장터, 중고 거래 등이 많아서 일정 부분 건수랑 매출액 금액에 따라 그 기준이 넘지 않으면 신고 면제가 된다고 하니 잘 확인하시는 게 좋을 것 같아요.

참새뫈　　　자, 마지막으로 사업자등록을 하고 이전의 직장생활에 비해 확 달라진 걸 느낀 건 언젠가요?

아빠투툼뫈　　　직장을 그만뒀을 때 국민연금 납부 유예 신청이 최대 3년까지 된다는 것을 듣고 3년 동안 납부 유예를 신청했었어요. 근데 사업자등록을 하니까 한시의 오차도 없이 한 달 딱 지나니까 납부 신고하라고 고지서가 날라 오더군요.

참새뫈　　　자영업자도 의무적으로 연금을 낸다는 말인가요?

아빠투툼뫈　　　소득이 있는 사람의 경우 건강보험, 국민연금은 무조건 내야 합니다. 요즘은 사업자도 고용보험과 산재보험이 날라오더

사업자등록 팁 하나 더!

사업을 시작하기 20일 전에는 사업자등록을 해라.

업종에 따라 다르겠지만, 인테리어 공사가 필요한 경우 이 공사비용에 대해 매입계
산서를 끊어 환급을 받을 수 있으니 미리 등록하는 것이 좋습니다. 그래서 사업자
등록과 개업개시일은 별도로 등록하게 되어있어요. 그러니까 1월 1일부터 사업을
할 예정이면 12월 10일까지는 사업자등록을 하는 것이 좋아요.
(간이과세자는 환급받을 수 없어요.)

인테리어 공사 전 미리 확인하세요.

주택 등을 개인 작업실로 개조해서 쓰려 할 때, 인테리어 비용을 환급 받으려고 하
는 분들이 있으면 그건 안 될 수 있으니 미리 확인해 보아야 합니다. 거주지의 경
우 환급이 되지 않더라구요.

군요. 사업주 본인은 업종에 따라 고용보험 가입여부가 달라집니다.
어쨌든 직원을 뽑으면 4대보험 적용을 꼭 해줘야 하잖아요. 그리고
사업주가 50%를 부담합니다. 회사 다닐 땐 당연히 50%에 대한 혜택
을 내가 받았었는데 입장이 바뀌니까 이 50% 부담하는 것이 크더군
요. 이렇게 사람이 환경과 입장에 따라 어떤 것을 대하는 마음이 달라
지는 존재인가 봐요. (웃음)

각자의 보금자리가 생겨나기까지

지금이 바로 새 출발점. 인생이란 하루하루가 훈련이다. 우리 자신을 훈련하는 터전이다. 실패도 할 수 있는 훈련장이다. 살아있음이 흥겨운 훈련장이다. - 오히라 미쓰요, 《그러니까 당신도 살아》

당신이 가장 빛나는 곳, 당신의 훈련장은 어디입니까? 지금, 당신이 서 있는 그곳을 새 출발점으로 삼고, 하루하루를 흥겨운 훈련장으로 만들어보는 건 어떨까요?

아빠투툼몬　　　창업을 하면 어떤 장사를 하던 가장 고민이 되는 게 사무실 혹은 점포를 구하는 것이죠. 둥지를 틀 때 가장 큰 돈이 들어가잖아요. 내 건물에서 장사하는 건 금수저들만 가능한 거니까요. 창업몬 멤버들은 어떻게 점포, 사무실을 구했나요? 사무실이나 점포 계약을 앞두신 분들에게 노하우를 좀 전수해주세요.

참새몬　　　일단, 사업의 특성에 따라 사무실이나 점포를 구하는 조건이 달라지겠죠. 저 같은 경우는 독서모임, 힐링모임과 같이 회원들의 모임이나 온라인으로 진행하는 사업이 대부분이기 때문에 평수나 층수는 크게 중요하지 않았어요. 처음 사용한 사무실 평수는 계약서상으로 10평이고, 집에서 도보로 10분 정도 거리에 있었어요. 세는 보증금 500만 원에 월세 30만 원이었는데, 이마저도 비싸다고 생각해 제가 사는 아파트 지하상가에 더 저렴한 점포와 계약을 맺었습니다.

아빠투툼몬　　　집과의 거리도 좋고 세도 저렴하고 좋네요. 근데 아파트 상가도 분양이 되나요?

젬베몬　　　아파트 상가도 분양이 돼요. 아파트 건설사에서 분양을 하는 걸로 알고 있어요. 점포마다 한 칸 한 칸씩 주인이 따로 있을 거예요, 아마.

참새몬　　　　원래 다른 곳을 추천받았는데 지금 있는 그 장소가 가장 좋아보여서 그곳을 선택하게 되었어요. 제가 사무실을 선택할 때 가장 중요했던 요소는 가격이었어요. 그리고 비어 있은 지 꽤 오래돼 안도 깨끗하고 치울 것도 없어보였는데, 그게 저한테는 오히려 좋았죠.

아빠투룸몬　　　　계약할 때 어려움은 없었나요?

참새몬　　　　전혀 없었어요. 보증금이 120만 원이었으니 너무 적은 금액이라 부동산을 끼고 계약하지도 않았어요.

아빠투룸몬　　　　그럼 계약서 준비는 어떻게 했나요? 직거래할 때 계약서 만드는 것도 쉬운 일은 아닐 텐데요.

참새몬　　　　부동산 계약서는 인터넷에 찾아보면 많이 있어요. 문구점에서도 쉽게 구할 수 있구요. 직접 준비한 계약서를 직접 작성해서 계약했어요.

아빠투룸몬　　　　판매를 목적으로 하는 점포가 아니니 접근성이 다소 떨어져도 저렴한 곳을 선택하는 게 현명한 것 같네요. 사무실을 구할 때 보증금과 월세 이외에 다른 투자비가 들어갔나요?

<복합문화커뮤니티 참새> 사무실

참새몬　　　　내부 공사를 위한 공사비는 조금 들어갔어요. 빔 프로젝터, 컴퓨터를 동생이 지원해주고 어머니께서 커피머신을 지원해주셨죠. 제가 생각한 것보다 훨씬 만족스러워요.

제네시오몬　　　저 같은 경우는 마술 공연 준비뿐 아니라 스튜디오를 위한 공간을 사무실에 마련해두고 있어요. 사무실을 구하려고 혈안이던 때에 우연히 게시판에서 '사무실 임대, 용도 자유'라고 적힌 글을 보고 간 것이 계약까지 이어졌죠. 원래 학습지를 납품하던 회사가 있던 곳이었는데 10년 동안 있다가 잘 돼서 다른 곳으로 이사를 갔다고 하더라구요. 자리가 마음에 들어 계약을 하려고 보증금을 깎으려고 노력했는데, 월세만 조금 깎고 계약을 했어요. 주인이 깎아주는 대신 5년 계약을 제시해서 그렇게 계약했죠.

저 역시 부동산을 끼지 않고 계약했어요. 계약서는 참새몬과 달리 주인이 준비해왔구요. 5년 계약이다 보니 사무실을 예쁘게 꾸미고 싶어서 셀프로 인테리어까지 맞춰서 했습니다. 두 달 동안 직접 공사를 진행했는데, 공사할 때 보통 아침 8시에 나가서 저녁 8시까지 12시간씩 했었어요.

아빠투룸몬　　　요즘은 오히려 허름하더라도 세가 낮은 곳을 사무실로 얻은 다음 인테리어를 독특하게, 자신의 취향에 맞게 많이 하는 추세잖아요. 그러면 인테리어 공사의 경우 세입자가 비용을 모두 부담하는 건가요? 인테리어 공사하는 기간은 월세를 제해주는 것으로 계약해야 하는 건지, 그냥 월세가 나가는 기간으로 계약을 하는 건지도 궁금하네요.

젬베몬의 녹음실

젬베몬 저 같은 경우, 이전에 있던 것들을 철거하는 것이 1차 공사, 방음시설을 갖추는 것이 2차 공사로 진행되어야 했어요. 1차 공사는 주인이, 2차 공사는 우리가 하는 것으로 합의해서 진행했어요.

제네시오몬 사실 저 같은 경우는 인테리어 공사를 할 필요는 없는데, 제가 하고 싶어서 진행한 것이고 기간도 오래 걸렸어요. 그래서 임대료를 내면서 인테리어 공사를 했어요. 업체에 맡기면 1주일이면 끝나는 것을 직접 하다 보니 2달이 걸렸어요. 기간 대비 비용은 업체에 맡기는 것과 비슷했으니 인테리어 고민하시는 분들은 잘 고민해보시길 바랍니다.

아빠투툼몬 한 번 생각해볼 문제네요. 인테리어 업체에 맡기면 비싸긴 하지만 그만큼 시간을 절약할 수 있잖아요. 장사를 하는 사람의 경우 셀프 인테리어를 하면 인테리어를 하는 기간만큼 장사를 못하게 되니까 임대료는 임대료대로 나가고, 그것에 대한 플러스 마이너스를 잘 계산해서 결정해야 겠네요.

제네시오몬　　　그리고 한 가지 더 조심해야 할 부분이 있는데, 인테리어를 하고나서 계약이 끝나고 나갈 때 원래대로 복구해줘야 해요. 그렇지 않으면 계약을 할 때 임대인과 상의해서 복구하지 않는다는 특약을 계약서상에 명기해야 해요. 제가 계약할 당시에 복구를 안 하는 조건으로 계약을 했어요.

젬베몬　　　예전에 있던 연습실 이야기부터 시작하면, 처음에는 사업을 할 목적으로 장소를 만든 게 아니었어요. 친구와 음악 연습하는 연습실을 만들 목적으로 장소를 구했죠. 친구가 예전에 치킨집을 했는데, 그 치킨집을 폐업하고 그 자리에 들어가서 공사를 시작했어요. 그 건물이 친구 어머니 이름으로 되어있어서 처음에 들어갈 때 계약서상에는 보증금, 월세를 명시했지만 보증금은 내지 않고 월세만 친구와 반씩 나눠서 냈습니다. 연습실을 만드는 공사는 직접 했어요. 근데 사업이 진행되고 영업을 하다 보니 장소를 옮겨야 할 필요성을 느꼈어요. 그래서 다른 장소를 알아보다가 지금 연습실을 계약하게 됐죠.

계약서에 공사 기간도 포함시켰고, 계약 기간은 2년으로 했어요. 지금 생각에는 계약 기간을 더 길게 할 걸 하는 후회도 들어요. 물론 이 자리가 재계약이 가능해 보이는 자리이긴 하지만 장기계약을 맺었을 때의 심리적 안정감은 무시 못 하는 것 같아요.

아빠투툼몬　　　사실 그래서 본인 건물에 사업을 하는 게 가장 이상적인 것 같아요. 저는 대출을 받아서 건물을 샀어요. 원래는 사무실 없이 집에서 1년 정도 버텼었죠. 그런데 집을 이사하고 방이 이사 전 방보다 작아지면서 이제는 나갈 때가 된 것 같다는 생각이 들었어요. 가끔 손님이 오기도 하는데, 사무실이 아니다보니 만날 곳도 애매했구요.

월세가 저렴한 사무실을 구하는 게 정말 어렵더군요. 사실 제가 하는 사업도 판매 위주의 사업이 아니라서 좁거나 접근성이 좀 떨어져도

셀프 인테리어 정보 공유를 위한 참고 사이트

레몬테라스 (cafe.naver.com/remonterrace)

기린 아줌마의 셀프 인테리어 (http://m.blog.naver.com/pjmibbi)

오늘의 집 (ohou.se)

셀프 인테리어 My Home (cafe.naver.com/overseer)

문고리 닷컴 (www.moongori.com)

Room Sketcher (www.roomsketcher.com)

문제가 없고 최대한 저렴한 곳에서 시작하는 것이 좋았거든요. 그러다 다른 쪽을 공략해야 겠다는 생각이 들었습니다. 제가 사는 동네가 집값이 그리 비싸지 않은 동네라 3000만 원 대면 소형 빌라를 하나 살 수 있거든요. 대출을 받아서 빌라를 구입하고 대출 기간을 최장으로 해서 이자와 함께 갚아나가면 한 달에 18~19만 원 정도를 지출하면 되더라구요. 사실 원룸을 전세로 구해도 되기는 했어요. 원룸은 인터넷 등 옵션으로 갖추어져 있는 것이 많이 있기 때문에 좋긴 한데 계약기간이 끝나면 옮겨 다닐 걸 생각하니 그냥 빌라를 사는 게 낫겠더라구요. 후에 사무실을 구하게 되더라도 빌라를 팔거나 세를 줄 수 있다고 생각하고 빌라를 구입하기로 했어요.

근데 복병은 따로 있었죠. 실제로 가보니 집이 거의 허물어져 가는 거예요. (웃음) 화장실은 천장도 다 부서지고 신발을 신고도 못 들어갈 것 같은 그런 집이었어요. 정말 고민하다가, 집값을 350만 원 더 깎았어요. 그리고 깎은 돈에 조금 더 돈을 보태서 인테리어를 맡겼어요. 인테리어 비용이 꽤 많이 들었죠.

제네시오몬　　　　사실 영세한 사업자들이 사업을 시작하면서 가장 지출이 많은 곳 중 하나가 인테리어예요. 그리고 업무에서 가장 중요한 부분 중 하나가 또 인테리어(업무환경)구요. 내가 일하는 공간인데 일하는 공간만큼은 좀 화사하고 분위기 있게 하면 즐거우니까 큰돈이라도 지출하게 되는 것 같아요.

아빠투룸몬　　　인테리어 비용을 줄일 수 있는 방법은 없을까요?

제네시오몬　　　어떤 부분을 얼마나 시공하느냐에 따라 다르겠지만 간단한 페인트칠이나 조명 설치 같은 건 셀프로 하는 게 사실 가장 저렴하죠. 요즘 블로그를 보면 셀프 인테리어를 하는 사람들이 많아서 직접 본인 사무실을 꾸미는 사람들도 많아요. 사실 저도 사무실을 처음 꾸밀 때 빠대(핸디코트)가 뭔지 몰랐어요. 그게 어디에 쓰이는지도 몰랐는데 블로그 검색을 통해서 나무 합판을 댈 때 서로 사이에 빠대를 발라주고 페인트를 칠하면 굴곡이 완만하게 만들어진다는 것을 알았죠. 셀프 인테리어에 대한 여러 가지 방법과 팁들이 있는 블로그나 사이트를 참고하면 도움이 돼요.

아빠투룸몬　　　맞아요. 요즘은 DIY(Do it yourself)가 많이 유행하면서 그런 정보를 공유하는 카페, 블로그가 많은 것 같아요. 가능한 부분에 대해서는 스스로 하면서 비용을 절감하면 좋겠죠. 대신에 시간을 투자해야 해요. 그러니 시간 대비 비용에 대한 문제도 잘 고려해야 할 것 같습니다.

셀프 인테리어, 비용 계획을 어떻게 세워야 할까?

제네시오몬이 작업했던 것을 기준으로 비교하여 팁을 드리고자 해요. 공간의 크기나 건물의 상황이 다 다르기 때문에 비용은 절대적이라고 할 수 없습니다. 비교에 참고만 해주세요.

1. 인테리어 기간 : 2개월 (평일은 업무 때문에 시간이 많지 않아 주로 주말에 작업을 하고 평일에는 조금씩 진행하면서 실제 인테리어에 소요된 시간은 20~25일 정도)
2. 사무실 크기 : 18평
3. 인테리어 비용 (단위:만 원)
   - 먼저 사무실 크기 18평 기준으로 필수 인테리어로 지출될 비용을 사전에 인터넷을 통해 가격 비교를 해보고 500만원 내외로 책정하고 예상 견적표 작성.
   - 가전제품, 가구, 집기류는 제외하고 꼭 필요한 간판 및 내부 목공, 페인트, 바닥 작업에 소요된 대략적인 비용만 기재.

〈공구〉
콤프레셔 40 / 에어타카 3종 및 타카 핀 30 / 직쏘기 10

〈실내 목공 및 페인트 작업〉
페인트 도료 및 핸디코트 70 / 합판 60 / 각목 12 / 몰딩 20 /
데코타일 40 + 시공비 20 / 유리 시트지 3 / 공연 엽습용 거울 40

〈실내 조명〉
레일조명 4구 5 / 레일 4 / 조명 5 / LED 전구 20W 9개 9 / 철거 폐기물 처리 비용 30

〈간판〉
조명 투광기 8 / 스카시 글자 25

〈기타〉
싱크대 10 / 재료비 15~20

합계 461만 원

- 제네시오몬의 경우, 아버지께서 전기 공사를 직접 시공을 했고 이외에도 필요한 공구가 이미 어느 정도 구비되어 있었기 때문에 실제 전기 공사나 인테리어를 진행하려면 별도의 추가 비용이 더 발생. 인테리어를 맡길 시 평당 100–300만 원 정도로 업체에 따라 가격이 모두 다르며 인테리어의 종류에 따라서도 가격대가 다양함.
- 참고로 바닥은 직접 시공이 어려워서 시공을 업체에 맡기려고 했으나 18평 기준으로 180–250 정도 견적을 받음. 발품을 팔아 데코타일 업체를 알게되었고 업체측에서 시공자까지 연결 시켜주어 생각보다 저렴한 가격에 시공함.

셀프인테리어를 통해 완성된 제네시오몬의 사무실

창업자금!
어떤 방법으로 모을까

독일통일을 완성했던 총리 비스마르크는 말했습니다.

"자기 앞길에 어떠한 운명이 기다리고 있는가, 그것을 묻지 말고 앞으로 나아가라. 그리고 대담하게 자기의 운명에 부딪쳐라. 운명을 겁내는 사람은 운명에 지게 되고, 운명과 맞서 싸우면 운명이 길을 비킨다."

우리 앞길에 어떠한 운명이 기다리고 있을지 일단 나아가 부딪쳐 볼 일입니다. 뜻이 있는 곳에 길이 있고, 운명은 맞서 싸우는 자에게 길을 열어줄 테니까요.

아빠투툼몬 사실, 창업하기 싫은 사람이 어디 있겠어요. 하지만 막상 시작하려면 앞서 말한 것 같이 사무실 및 점포 임대에 인테리어에 창업 자금으로 목돈이 필요하기 때문에 많은 청년들이 망설이게 되는 것 같아요. 창업 자금, 어떻게 준비할 수 있을까요?

젬베몬 창업 자금을 조달하는 방법에는 여러 가지가 있어요. 그 중 크라우드 펀딩이라는 것이 있는데요. 크라우드는 군중이라는 의미의 crowd예요. 군중으로부터 인터넷 플랫폼을 통해 조금씩 투자를 받아서 자금을 모은다는 의미지요.

아빠투툼몬 저도 보드게임 사업을 하려고 준비 중인데, 자금조달을 공모전이나 지원 사업으로 하려고 도전하다가 안돼서 시제품을 만들어 크라우드 펀딩을 기획중이에요.

젬베몬 맞아요, 그렇게도 진행할 수 있어요. 크라우드 펀딩을 하기 위해 이용하는 플랫폼으로는 텀블벅(tumblbug)이라는 사이트가 있고, 가장 유명한 것은 킥 스타터(kick starter)입니다. 〈26년〉이라는 영화가 있었는데, 당시 제작비가 없어서 크라우드 펀딩을 통해 제작비로 7억 원 이상을 모았어요.

참새몬 《던전 월드》라는 책도 원래 영문판만 있었는데 크라우드 펀딩으로 우리말 번역 출판이 이루어졌죠. 크라우드 펀딩에는 목표액이 있어요. 《던전 월드》를 우리말로 번역하는 데 300만 원 정도 필요하다.'라고 목표액을 올리는 거죠. 그때 사람들이 후원한 금액이 5800만 원이 모였어요. 목표액의 2000%에 육박한 거죠.

아빠투툼몬　　　영화 〈귀향〉도 크라우드 펀딩으로 제작된 케이스죠. 제작비가 없어서 영화를 개봉하는데 10년이 걸렸다고 해요. 영화가 끝나고 엔딩 크레딧이 올라오는데, 1만 원 이상 후원한 사람들의 이름이 모두 나오더라구요. 그래서 엔딩 크레딧이 엄청 길어요. '가시리'라는 슬픈 노래와 함께 엔딩 크레딧이 올라가는데, 그걸 보면서 왈칵 눈물이 나오더라구요. 이게 크라우드 펀딩의 힘인 것 같아요. 그게 아니었으면 일본 위안부 문제를 다룬 영화가 어떻게 개봉하고, 국민들에게 알려질 수 있었겠어요.
혹시 창업몬 멤버들은 크라우드 펀딩을 이용해본 적 있나요?

참새몬　　　제가 들어가 본 사이트는 한 번 후원할 때 기본 후원금이 1000원부터 되어 있어요. 어떤 사이트는 후원금 항목이 나눠져 있었는데, 예를 들면 1만원, 3만원, 5만원 이런 식으로 나누어져 있어요. 그래서 얼마를 후원하느냐에 따라 주어지는 게 다르더라구요. 예를 들어, 1만 원 후원 시 영화 엔딩 크레딧에 이름을 올려주거나 영화 포스터나 엽서를 만들어 보내주고 3만 원 후원 시 영화 CD를 증

정해주는 식으로요.

제가 놀랐던 건, 장르가 정말 다양하다는 점이었어요. 영화 제작, 도서 출판, 제품 제작, 전시회… 심지어 바질 농사를 짓는 사람의 이야기도 올라온 걸 본 적이 있습니다. '1년 생인 바질이 주인을 찾지 못한다면 이 신선하고 건강한 아이들이 버려질 수도 있겠다는 생각에 프로젝트를 개설하게 되었습니다.'라는 문구로 말이죠. 심지어 크라우드 펀딩 사이트에서 상품을 팔기도 해요. 예를 들면 자기 상품이 잘 안 팔리는데, 이 상품에 대한 자신의 스토리를 담아요. 내가 왜 활로를 못 찾고 결국 크라우드 펀딩에 올리게 되었는지 사진과 글로 표현하는 거죠.

제네시오몬　　　크라우드 펀딩이 좋은 게 사업을 크게 시작하기보다 이런 플랫폼을 통해 자신이 하고자 하는 사업, 팔고자 하는 상품에 대해 펀딩화시켜 자본금 부담도 덜고 자신의 사업의 가능성도 시험해 볼 수 있다는 점 같아요.

아빠투툼몬　　　처음에 크라우드 펀딩은 '사랑의 열매'같은 연말 후원 시스템이었다고 들었어요.

참새몬　　　맞아요. 여전히 순전히 후원을 목적으로 한 펀딩들도 있어요. 인터넷 포털에 콘텐츠를 게재하는 만드는 웹툰, 소설 작가, 융합 콘텐츠(글과 웹툰이 합쳐진 형태) 작가들도 크라우드 펀딩을 통해 후원을 받기도 하고, 정말 어려운 형편의 사람을 도와주는 것으로 유명한 한 변호사는 10년 전 아버지 살해범이라고 지목돼 억울하게 감옥살이를 하고 있는 여자 분을 위해 사건 재조사 활동을 펀딩으로 올리기도 했어요. 그 분은 다음의 뉴스 펀딩을 이용해 이 펀딩을 올렸는데, 뉴스 펀딩은 스토리들을 회차별로 올릴 수 있어요. 재판 진행 과정과 결과물들을 회차별로 올리면서 계속 펀딩을 받는 거죠.

젬베몬　　　　저는 5년 전부터 크라우드 펀딩에 관심을 가졌는데요. 현재 크라우드 펀딩은 양 갈래로 나뉘는 것 같아요. 처음에 시작된 크라우드 펀딩의 원래 개념은 엔젤 투자 형식으로, 이런 프로젝트가 있으면 꼭 이루어졌으면 좋겠다 하는 순수한 마음에 투자를 했던 것이 시작이었어요. 이게 공익사업으로, 공익과 보상(reward)를 제시하는 사업으로 발전하게 되었습니다. 요즘은 한정판을 받기 위한 사람들의 심리를 이용하기도 해요.

"제가 이런 제품을 만드는데 원래 이 단가가 만 원입니다. 만 원을 투자하는 분들에겐 이런 것을 드리겠습니다. 2만 원 투자하시는 분들에겐 제가 사인을 해서 드리겠습니다. 그리고 10만 원 투자하시는 분들에겐 한정판으로 패키지를 만들어서 드리겠습니다."

이런 것이 리워드 개념이에요.

아빠투툼몬　　　　크라우드 펀딩을 하는 데 비용은 들지 않나요?

제네시오몬　　크라우드 펀딩을 하려면 펀딩을 올리고자 하는 플랫폼(사이트)에 돈을 지급해야 해요. 예를 들어 500만 원을 모으면 거기서 20~30만 원 정도는 플랫폼에 지급하고 나머지 돈을 가져가게 되는 거죠. 하지만 그럼에도 불구하고 크라우드 펀딩은 다양하고 많은 사람들이 쉽게 접근할 수 있다는 장점이 있는 것 같아요.

참새몬　　크라우드 펀딩은 3~4년 전부터 엄청 각광받는 투자형식이었어요. 요즘엔 TV 광고도 하죠. 그런데 주의해야 하는 게, 어떤 것이든 빛이 있으면 그림자도 있다는 거예요. 크라우드 펀딩 그 자체가 펀딩 받는 사람의 신용만으로 펀딩하는 것이기 때문에, 예전에 크라우드 펀딩으로 몇 억을 모아 도망가 버린 경우도 있었어요. 먹튀는 아니지만 지정된 납기일을 맞추지 않는 경우도 많아요. 돈만 받고 태업을 하는 것이죠. 그런 경우는 굉장히 많이 목격했어요. 그래서 크라우드 펀딩도 검증된 회사나 사이트에서 진행해야 합니다.

제네시오몬　　반대로, 정말 좋은 아이템을 크라우드 펀딩으로 올렸다가 아이디어를 도용당하는 사례도 빈번합니다. 크라우드 펀딩에서 가장 위험한 것이죠. 그러니 수수료가 비싸더라도 유명한 사이트에서 진행하는 것이 안전합니다.

아빠투툼몬　　또 다른 창업자금 조달 방법으로 지원 사업을 꼽을

크라우드 펀딩 플랫폼 리스트

자신이 하고자 하는 사업에 맞는 플랫폼을 찾아 펀딩을 진행하는 것이 더 효율적이 겠죠? 주요 크라우드 펀딩 플랫폼들을 소개합니다.

1. 해외

1) 킥스타터(Kick Starter, www.kickstarter.com) – 2009년 설립된 미국의 대표적 인 크라우드 펀딩 서비스

2) 인디고고(Indiegogo, www.indiegogo.com) – 최초의 크라우드 펀딩으로 2008 년 처음 시작

3) 저스트 기빙(Just Giving, www.justgiving.com) – 영국의 비영리(공익기부형) 펀딩 사이트

4) 그 외 P2P 금융서비스를 제공하는 영국의 조파(Zopa)와 미국의 프로스퍼 (Prosper)가 있음.

2. 국내

1) 카카오 – 기존에 후원형 크라우드 펀딩 서비스인 '뉴스펀딩'을 책, 음악, 영화, 신기술 등 새로운 창작물을 위한 '스토리펀딩'으로 확대 개편하여 운영

2) 한글과 컴퓨터 – 한컴그룹 내 심사위원단과 한·중·일 펀딩 전문기업이 발굴 한 스타트업을 지원하는 후원, 기금형 그라우드 펀딩 서비스인 '드림시스' 출시

3) 큐랩 – 게임 전문 스타트업 기업 대상의 크라우드 펀딩 플랫폼 '텐스푼' 출시 경기콘텐츠진흥원과 협업을 통해 각종 펀딩 프로젝트 진행

4) 오마이컴퍼니 – 사회적 기업을 지원하는 크라우드 펀딩

5) 오퍼튠 – 혁신형 벤처, 중소기업을 지원하는 크라우드 펀딩

6) 오픈트레이드 – 사모방식의 온라인 투자의향 접수형 크라우드 펀딩

7) 와디즈 – 프로젝트 중심의 보상 제공형 크라우드 펀딩

8) 위제너레이션 – 유명인사가 지원하는 기부형 크라우드 펀딩

9) 텀블벅 – 문화, 예술, 기술 등 창조적 프로젝트를 지원하는 크라우드 펀딩

수 있습니다.

젬베몬   근데 지원사업과 공모전이 다른 건가요?

아빠투툼몬   그게 좀 애매할 수 있는데, 일단 공모전은 지원에 대한 제한이 없어요. 자신의 사업 아이템으로 사업 기획서를 꾸려서 다른 사람과 경쟁을 하는 게 공모전입니다. 지원사업은 일종의 대회로, 정부 각 부처에서 운영하는 거예요. 예를 들어, 한국출판진흥원에서 출판 콘텐츠 분야에 대한 지원 사업 공고가 나면, 출판 콘텐츠 분야에 있는 회사들이 일정 서류를 갖춰서 지원하는 식으로 진행됩니다.

제네시오몬   저 같은 경우는 '행복한 골목길 만들기'라는 걸 기획하고 있었어요. 근데 때마침 경남문화예술진흥원에서 주관하는 지역 콘텐츠 활성화 지원 사업 공고가 났죠. 그때 지원해서 1차 서류는 통과했고, 2차 면접 심사에서 아쉽게 떨어졌었어요. 당시 저는 우리 지역의 골목길을 알리면서 문화, 관광, 소외 상권을 홍보할 수 있는 콘텐츠를 갖고 지원했었는데, 도서 출판이나 웹드라마 제작 등 다양한 사람들이 참여했었어요.

아빠투툼몬   저도 지원을 해봤었는데, 요구하는 서류가 진짜 복잡하더라구요. 아무래도 사업을 시작하는 사람들은 막연한 아이디어를 갖고 시작하는 경우가 대부분인데, 향후 몇 년간 매출은 어떻게 될 것인지 예측을 해서 자료를 요청하는 등 상당히 까다롭게 서류를 요구하시더라구요. 만약 지원사업에 도전할 생각이라면 이런 부분을 철저히 준비해야 할 것 같아요.

그리고 면접에서는 서류에 표현되지 않은 더 자세하고 깊은 이야기들을 하면 좋아요. 이건 제가 면접 당시 기관 담당자에게 들었던 조언이었어요. 당시 저는 자기 포장에 눈이 멀어 계속 서류에 대한 설명만 했거든요. 그런데 심사위원은 서류는 봤으니 그것보다 더 심화된 내용, 앞으로 어떻게 할 것인지 얘기했어야 했다고 조언하시더라구요.

그리고 제가 지원해본 경험으로는 지원하려는 사업이 안정적이어야 지원을 받을 가능성이 높아질 것 같았어요. 도전하는 입장에서는 답답할 수 있지만, 아무래도 정부, 지자체의 돈(세금)을 허황되게 날리지 않기 위한 기관 입장을 생각하면 이해할 수 있는 부분이죠. 지원 사업에 지원할 사람은 이 점을 염두에 두고, 확실한 수익 모델이 나올 수 있도록 계획을 구축해서 지원하는 것이 좋을 것 같아요.

제네시오몬　　　이건 제가 지원 사업에 떨어지면서 느낀 교훈인데, 사실 지원 사업에서 지원금을 따서 돈을 받는다고 할지라도 이건 일시적인 자금 조달이에요. 어쨌든 이 지원금이 끝나기 전에 자생할 수 있는 시스템을 구축하는 게 중요합니다. 지원금은 일시적인 어려움을 해소시키는 것에 지나지 않기 때문에, 자금 조달만을 위해 사업을 하는 것은 바람직하지 않다고 생각해요.

하지만 지원 사업에 떨어졌다고 해서 헛수고만 한 건 아니라는 것도 이야기해주고 싶어요. 처음 프로젝트를 시작할 때, '이거 재밌네, 한 번 해보자.'하는 막연한 생각으로 했어요. 그런데 마침 지원 사업이 있어서 서류를 꾸미고 만들었죠. 그러는 동안에 우리가 앞으로 1년 동안 해야 할 것들, 준비해야 할 것들을, 방향성 등이 다 잡혔어요. 일단 1년치 계획이 딱 나오니 고민 없이 다음 달에 해야 할 계획이 딱 나왔습니다. 일단 도전하면 실패하더라도 얻는 것들이 많다는 걸 그 때 알았죠. 이런 기회를 통해서 본인의 앞으로의 사업 방향에 대해서 한 번 더 생각해볼 수 있고, 굉장히 좋은 계기가 될 거예요. 그냥 혼자 생각만 하는 것보다 납기 기한이 있는 지원 사업에 진행하면 추진력 있게 일을 진행할 수 있을 것 같아요.

참새몬　　　　이런 정보들은 문화진흥원, 창업넷과 같은 곳에서 정부 지원과 관련된 사업 공고나 지원사업을 자주 찾아볼 수 있어요. 자기가 하고자 하는 사업 분야와 관련된 부서에 따라 공고가 올라오 는 사이트도 달라지겠지만요.

아빠투툼몬　　　　저는 한국출판진흥원에 종종 들어가 봅니다. 거기 엔 1인 출판사 지원 프로그램 관련 내용도 많이 나오거든요. 평소 자 기가 하고 있는 사업과 관련된 부처에 들어가서 사업공고나 지원 사업들을 계속 조회해보면 좋을 것 같아요.

그리고 지자체에서 하는 사업들이 별도로 있어요. 소속된 지자체(시청, 구청, 노동청)에 꾸준히 정보가 올라오기 때문에, 모두 조회해야 합니다. 이런 정보들을 한 군데에서 따로 모아볼 수 있는 곳이 없어요. 급한 사람이 우물을 파는 법이라고, 이런 작은 것에도 발 벗고 나서서 찾는 게 중요해요.

참새몬　　　　창업경진대회도 한 방법이 될 수 있을 것 같은데, 혹시 지원해본 적 있나요?

아빠투툼몬　　　　부산콘텐츠코리아랩에 보드게임 공모전이 있었는데, 거기에 지원해서 서류 통과하고 다음 단계에서 떨어졌어요. 서류 통과를 하고 나니까 계속 도전하고자 하는 욕구가 생겨서 그 뒤에 정주영 창업경진대회 그리고 K 스타트업에 지원했었습니다. 이 두 개는 굉장히 유명한 창업 경진대회로, 지원 사업과 맞먹을 정도로 서류가 복잡하고 어려워요.

정주영 창업경진대회는 현대그룹 아산재단에서 고 정주영 회장이 만든 경진대회인데, 이 대회의 장점은 본선에 진출하게 되면 우리나라 벤처의 메카라 불리는 마루 180에 입주할 수 있다는 겁니다. 그리고 지방에서 올라오면 서울 생활할 때 드는 숙식비용까지 제공해줘요. 마루 180에는 엄청난 인프라가 구축되어있는데, 멘토들도 있고 마루

180 출신의 네트워킹까지 가입할 수 있죠. 그리고 이전 입상 업체들과 네트워킹도 구축할 수 있다는 장점이 있어요.

참새몬   하지만 이런 공모전 입상 후 지원을 받게 된다고 해서 그 사업이 무조건 잘 되는 것도 아니죠.

아빠투툼몬   물론이에요. 그 사업을 어떻게 꾸릴 것인지는 자기 하기 나름이라고 할 수 있습니다. 입상했다고 해서 그 사업이 무조건 다 잘 되는 것도 아니고, 1등 했다고 해서 계속 그 사업을 해야 하는 것도 아니에요.

그런데 정주영 창업경진대회 프로그램은 사업화까지 하는 것을 포함하고 있어요. 공모전 안에서 사업화를 하는 거죠. 서울(마루 180)에 올라가는 이유가 입주해서 그 기한 안에 시제품을 만들고 멘토링 받고 다시 보완해서 시제품을 만들기 위해서 이거든요. 사업화 기한까지 줘서 한두 달 정도는 실제 사업을 운영하도록 합니다. 그것까지 멘토링을 받고 그게 끝나더라도 계속 그 사업을 이어나갈 수 있도록 만들어줘요. 이런 이유 때문에 많은 사람들이 그 대회에 도전하는 것이고 그만큼 경쟁률도 치열해요. 정주영 창업경진대회 같은 경우는 대회에서 시드 머니를 지원해주고, 서울에 입주해서 사업화를 할 때는 엔젤 투자, 벤처 투자자들과 연결을 시켜줍니다. 그래서 이 아이템이 투자를 받을 수 있게끔 해주는 거죠. 그렇기 때문에 투자금을 받고 사업을 시작할 수 있어요. 아이디어만 좋으면 많은 것들을 지원받아서 내 사업을 키울 수 있게 해주는 대회입니다. 이런 대회는 각 대회마다 여러 가지 제약 사항도 있어요. 팀을 꾸리는 기준, 팀원 교체 가능 횟수 등 기준들이 있으니 잘 확인해보고 거기에 맞게 준비해야 합니다.

K 스타트업도 전국 대회인데, 전국에서 지역과 대학별로 창업팀을 선발하고, 선발된 팀들이 본선에서 맞붙는 형식으로 거의 토너먼트 방식이에요. 이 대회는 소위 지역빨도 잘 받아야 한다는 이야기가 있어서 일부러 경쟁률이 떨어지는 지역에서 출품하는 팀들도 많다고 해요.

젬베몬 아, 그리고 나이 제한 있는 대회도 있다고 알고 있어요. 정주영 대회의 경우 청년을 대상으로 하기 때문에 만 39세까지 지원할 수 있습니다. 보통 청년 사업 경진대회의 나이 제한은 만 19세~만 39세가 많아요. K 스타트업도 그렇고 정주영 창업경진대회도 그렇고. 대학생일 때 대회에 참가하는 것이 가장 유리합니다. K 스타트업의 경우 대학부와 일반부가 있거든요. 지역에서 입상하면 지역 상금이 따로 있고 그 상금을 받고 전국 대회에 나가게 됩니다. 국내 대회로는 K 스타트업이 가장 많은 상금을 줍니다.

참새몬 정주영 창업경진대회, K 스타트업 이외에도 지역에서 주최하는 공모전도 많습니다. 창조경제혁신센터에서 한 번도 사업을 해보지 않은 청년 창업가를 대상으로 아이템의 제한 없이 지원해주는 공모전도 있어요. 사업자를 낸 사람이라도 매출이 없는 것을 증빙할 수 있다면, 폐업을 하고 새로운 사업자를 내면서 도전할 수 있습니다. 이 대회는 경남뿐만 아니라 전국에 있는 창조경제혁신센터에서 모두 진행하고 있어요. 콘텐츠 문화 사업을 하는 사람의 경우 각 지역의 콘텐츠코리아랩들이 있습니다. 여기서도 많은 공모전들을 진행하니 관련 사업을 계획 중인 분들은 참고하셔서 정보를 얻으시면 좋을 것 같아요.

여기서 한 가지 우려 섞인 조언을 드리자면, 프로젝트 하나 잘 만들면 몇 억 받을 수 있다는 생각을 조심해야 합니다. 이건 굉장히 위험한 생각이에요. 인생 한방을 노리는 것은 사업에 있어 오히려 큰 재앙을 불러올 수 있답니다.

지원사업 공고, 어디서 보면 될까

창조경제타운 (공통 분야, www.creativekorea.or.kr)
한국 콘텐츠 진흥원 (문화, 콘텐츠, www.kocca.kr)
k스타트업 (공통 분야, www.k-startup.go.kr)
서울산업진흥원R&D지원팀 (연구개발, seoul.rnbd.kr)
중소기업진흥공단 (공통 분야, hp.sbc.or.kr)
중소기업기술정보진흥원 (기술, www.tipa.or.kr)
정보통신산업진흥원 (정보통신, www.nipa.kr)
한국출판문화산업진흥원 (출판, www.kpipa.or.kr)
소상공인마당 (소상공인 창업, www.sbiz.or.kr)

정주영 창업경진대회

아산 나눔재단에서 주관하는 대한민국 대표 창업 경진대회. 입상을 하게 되면 상금 뿐만이 아니라 지원자가 원한다면 MARU180 입주, 인큐베이팅, 시드머니 지급 등의 다양한 혜택을 누릴 수 있다.

대한민국 창업리그

K-스타트업에서 주최하는 국내 최고 창업경연 각 지역 및 부처별로 독자리그를 진행해 선발된 최종 40팀이 4개 부처 (중기청, 미래부, 국방부, 교육부)가 합동으로 추진하는 "도전 K-스타트업"에 진출하는 방식이다. 선발된 팀은 상금은 물론 멘토링 등의 다양한 혜택도 받을 수 있다.

제네시오몬 사실 사업 자금 조달을 위해 가장 손쉽게 할 수 있는 건 대출이지 않을까요?

아빠투툼몬 그렇죠. 하지만 대출도 그 종류가 많아서 자신에게 유리한 대출의 종류를 잘 알아봐야 해요. 제가 예전에 경남도민 무료 창업 교육에서 들은 건데, 이 교육을 수료하고 1년 내에 창업을 하면 정부 자금 신청 시 우선순위를 부여해준다고 했었어요. 정부 자금 신청도 여러 종류가 있는데, 한 예로 협동조합을 들 수 있어요. 협동조합 같은 경우, 국가 지원금 상환을 30%만 하면 돼요. 말하자면 협동조합을 하면서 국가 지원금 1천만 원을 받았는데 폐업하더라도 300

창업지원제도를 활용해 도움을 받는 방법도 있습니다.

대부분 창업지원금 제도는 재원이 소진될 때까지 지원하는 것이기 때문에 지원은 빠를수록 좋고, 늦었다면 새로운 예산이 반영되는 연초에 다시 지원하는 것도 한 방법입니다. 그리고 창원지원금이라고 해서 반드시 창업전이나 직후에만 지원할 수 있는 것이 아니라 창업 후 몇 년 이내에 지원이 가능하기 때문에 서두르지 않아도 되고, 혹시 지원시기를 놓쳤다고 생각한다면 자신에게 맞는 지원제도가 있는지 꼼꼼하게 찾아보는 것도 도움이 됩니다.

만 원 정도만 책임지면 된다는 뜻이죠.(2016년 기준) 5년 이상 사업을 영위했을 때엔 갚지 않아도 됩니다.

참새몬　　　소상공인 지원센터에 가면 소상공인 지원자금을 받을 수도 있습니다. 지자체 자금, 시 자금이 따로 있고, 만 39세 이하만 받을 수 있는 중소기업청 창업자금도 있어요. 관련 기관이라는 기관은 다 두들겨봐야 해요.

젬베몬　　　신용보증재단에서 창업과 관련된 지자체 자금을 저리로 대출을 받을 수도 있어요. 물론 심사조건은 굉장히 까다롭습니다. 신용등급평가서, 자기재무재표 등을 모두 첨부해야 해요.

회사를 그만두기 전 이것만큼은 준비하라

경기에서 전반전의 점수는 승패에 중요치 않습니다. 당신의 전반전이 실수 투성이었다고 해도 전반전을 끝낼 결심을 했다면, 이후 펼쳐질 후반전에만 집중하세요. 인생의 터닝포인트를 맞은 지금이 당신 인생의 승패를 좌우하는 순간입니다.

아빠투룸몬　　　저는 직장생활을 오래했기 때문에 사실 직장을 그만두고 창업을 하는 것에 대한 막연한 두려움도 있었는데요. 창업을 하기로 마음먹었다면, 창업에 본격적으로 뛰어들기 전 어떤 준비를 할 수 있을까요?

참새몬　　　무작정 사표 던지고 나와서 시작할 수도 있겠지만, 그렇게 하면 많이 힘들어요. 제가 그런 케이스라고 할 수 있는데, 저는 창업에 대한 구체적인 계획 없이 일이 너무 힘들어서 그만뒀어요. 그러면 가장 먼저 재정적인 어려움에 부딪히게 되죠. 수입은 없어졌고 창업 준비 기간과 창업 초반 수익이 없을 때 버티는 게 어렵습니다. 가능하면 그 기간을 최소화하는 게 좋아요.

아빠투룸몬　　　그러면 혹시 ‘회사 다니면서 내가 이런 것들은 준비하고 그만뒀어야 했는데’ 하고 생각했던 것이 있나요?

참새몬　　　물론 돈이죠. 어떤 상황이든지 비상자금이 있어야 하는데, 저는 그걸 그렇게까지 중요하게 생각하지 않았던 거죠. 지금도 주말에 아르바이트를 하는데, 만약 그때 내가 돈을 많이 모아놨더라면 이렇게까지 아르바이트 하면서 고생하진 않았을 텐데 하는 생각이 들곤 해요.

아빠투툼몬   근데 그렇다고 해서 돈만 계속 모으다보면 창업을 아예 시작하지 못할 수도 있지 않을까요? 그 비상자금 또는 창업자금의 기준은 얼마로 잡아야 할까요?

제네시오몬   제가 마술회사를 하다가 창업을 해야겠다는 결심이 섰던 때에는 회사를 다니고 있었어요. 회사를 다니면서 창업 정보에 대해 눈을 돌리기 시작했죠. 프랜차이즈도 알아보고, 마술 창업을 했을 때 어느 정도 비용이 드는 지도 알아봤습니다. 그런데 막상 매뉴얼 자체가 없으니까 알 수 있는 방향이 없었어요. 매뉴얼이 있는 프랜차이즈는 시작하는 데 막대한 비용이 들다보니 엄두가 나지 않더라구요. 실제로 제 친구 중에서는 창업을 다시 준비하고 있는 단계에 있는 친구도 있어요. 그 친구에게는 제가 인테리어 비용이나 필요한 초기 자금을 알려줄 수 있었죠. 제가 창업을 해봤기 때문에. 제 얘기를 듣더니 그 친구가 어느 정도의 자금을 마련해야 할지 감을 잡고 1년 반 정도 회사를 더 다니면서 돈을 모아 지금 다시 창업을 준비하고 있더라구요.

사실 업종마다 창업비용은 천차만별이기 때문에 자신이 하고자 하는 업종 종사자에게 조언을 구해서 어느 정도 사업자금을 구상해서 자금을 모으는 게 가장 현명할 것 같아요.

참새몬   거기에 조금 덧붙이자면, 창업을 준비하고 시작하면서 최소한 본인이 생활할 수 있는 생활자금은 따로 준비해 갖고 있어야 해요.

아빠투툼몬 맞아요. 사업을 영위할 때 어느 정도 시간을 갖고 있으면 수익이 발생될지를 대략적으로 계산해서 그때까지 버틸 수 있는 생활자금이 있어야 해요. 그런데 그 돈 다 모으려고 하다보면 끝이 없어서 회사를 못 그만둘 수도 있으니까, 그만큼은 아니더라도 당장 몇 달치 생활비 정도는 모으고 그만두는 게 현명할 것 같습니다.
퇴직금도 좋은 방법이 될 수 있어요. 그래서 퇴직금은 되도록 직장생활하면서 건드리지 않는 게 좋은 것 같아요. 예전에 저도 회사 다닐 때 퇴직금을 중간정산 받아서 정작 퇴사할 때는 얼마 되지 않는 기간의 퇴직금을 받았어요. 퇴직금을 급하게 당겨쓸 때는 몰랐는데 막상 나와서 줄어든 퇴직금을 받고 사업 기반을 마련해야 한다는 생각을 하니까 가슴이 아프더군요. 그때 아무리 급했어도 퇴직금은 건드리지 말았어야 했는데 하는 생각을 했어요. 퇴직금은 그만 둘 때의 월급을 기준으로 근무 기간과 함께 계산해서 받기 때문에, 퇴직금을 중간정산하지 않고 퇴사할 때 몰아서 받는다면 더 많은 퇴직금을 받을 수 있기도 하거든요.

제네시오몬 사실 창업자금 이외에도 창업을 위해 준비해야 할 것들이 많은 것 같아요. 일단 자신이 창업하려는 분야와 관련된 강좌

대표적인 창업 강좌

창업에듀 (class.k-startup.go.kr)

창업 기초, 창업 실전, 창업 특화, 창업 교양으로 나뉘어져 있으며 카테고리별로 다양한 과정들이 개설되어 있어 필요한 과정을 골라서 들을 수 있다.

소상공인진흥원 창업강좌 (www.semas.or.kr)

신사업창업사관학교, e러닝, 참살이창업교육부터 청년창업 및 가업승계 아카데미까지 다양한 교육 지원사업이 이뤄지고 있다.

창조경제타운 (www.creativekorea.or.kr)

다양한 교육지원부터 온라인 멘토링 및 공보전 공고까지 찾아볼 수 있다. 지역별 혁신센터로 연결할 수도 있어 유용하다.

지자체 무료 강좌 (예:경남도민 무료창업강좌)

서울의 경우는 서울산업통상진흥원 홈페이지를 통해 각 지역별 창업강좌에 신청할 수 있으며, 서울뿐 아니라 다른 지역의 경우 구 지역경제과 홈페이지나 전화 문의를 통해 무료창업강좌에 참여할 수 있다.

나 교육을 통해 분야의 전문성과 창업 노하우, 시스템 등을 파악하는 것이 중요합니다. 또 창업 관련 카페나 교육을 통해 무작정 창업을 시작하는 것이 아니라 큰 흐름과 노하우를 파악하고 시작하는 편이 현명해요.

젬베몬　　　　　창업은 본인이 사업가가 되는 겁니다. 사업을 할 때 굉장히 중요한 것 중에 하나가 창업주 본인의 사업가 마인드라고 생각해요. 그런 면에서 회사에 다니면서 '내가 이 사업장을 운영한다면 어떻게 할 것인가?'라는 생각을 해보는 것이 도움이 됩니다. 저는 실제로 그런 생각을 많이 했었어요. 현재 다니는 직장이 장차 하려는 창업 아이템과 관련이 있을 수도 있고 없을 수도 있지만, 사업장을 운영하는 시뮬레이션을 머릿속으로 그려보는 것도 굉장히 도움이 됩니다. 어느 부분에서 비용이 발생하고, 어느 부분에서 투자를 받아서 메우고, 영업을 해서 매출을 올리고 이런 과정을 모두 생각해보는 게 좋아요.

하나 더 말씀드리고 싶은 건, 일단 마인드 세팅이 중요하다는 겁니다. 회사를 다니다 보면 이런 사람들이 있어요. 회사 내에서는 업무가 다 나눠져 있고 업무적으로 자신과 관련된 사람이 있고 그렇지 않은 사람이 있잖아요. 누군가가 회사에 손해를 끼쳤을 때 그것을 옆에서 짚어주면 그 문제의 책임자가 불쾌해하는 경우가 있어요. 그런데 이런 부분은 회사 전체로 봤을 때 빨리 개선해야 하는 부분이죠. 누구의 업무이냐를 따지는 것보다 회사의 원활한 운영을 위해 이런 지적은 필요하니까요. 주인의식을 갖고 회사를 다녀야 한다는 것이 그런 의미인데, 당장 회사에서 월급만 받으면 된다는 월급자 마인드의 사람들은 이런 상황에서 '왜 나를 피곤하고 귀찮게 만드냐'고 불평을 합니다. 이런 사람들은 밖에 나와서 자기 사업을 하면 이미 주인의식과 같은 마인드 세팅을 한 사람보다 실패할 확률이 높아요.

아빠투툼몬　　　회사를 그만두기 1년 전에 창업 관련 책을 읽었는데 그 책 중에 오늘 주제와 연관되는 책이 한 권 있어요. 《주말 사장으로 사는 법》이라는 책인데요. 이 책에는 사업가가 되기 위해 회사를 다니면서 준비하는 훈련을 시켜주는 내용이 담겨있어요. 그러니까 금요일 퇴근 후부터 일요일 밤 잠들기 전까지 사장으로서 뭔가를 만들어 소득을 만들어보라는 식으로 1주일 중 이틀 훈련을 시키는 거죠. 지금 제가 웨딩과 관련해서 사업을 가장 많이 하고 있는데요. 회사를 그만두기 1년 전부터 우연히 주말에 소득을 올릴 수 있는 아르바이트라도 해봐야겠다고 시작한 게 결혼식 하객 아르바이트였어요. 아르바이트비는 얼마 안 됐지만 내가 회사의 직함을 다 버리고 회사 밖에서 돈을 번 일은 회사를 다닌 이후로 처음 있는 일이었죠. 그런데 주말마다 여러 군데 예식장을 다니고 다양한 일을 하는 사람들, 즉 회사 업무와 관련 없는 사람들을 만나다 보니 조금씩 시선이 넓어지기 시작했어요. 그렇게 세상을 보다보니 '내가 다른 것도 할 수 있겠구나'하는 생각이 들었죠. 결혼식 하객 아르바이트를 하면서 이런 훈련을 자연스럽게 했던 것 같아요. 매주 주말 4시간을 투자하다보니, 예식장에서 공연하는 사람들도 보이고, 축가 무대를 꾸미는 사람들도 보이고, 그렇게 하다보니까 이런저런 비즈니스를 만들 수도 있겠네 하는 생각이 들었죠. 그래서 제가 운영하는 블로그에 이런 사업과 관련된 글을 썼고, 우연히 지식인에 답변을 달아주다가 일을 하나 맡게 되었습니다. 그게 제 사업을 시초가 되었죠.

직장인이라면 직장을 그만두기 전에 창업을 준비하며 주말을 잘 활용할 수 있는 훈련을 하는 것이 좋다고 생각합니다. 회사의 누구누구가 아닌 나 자신이 소득을 만들어낼 수 있는 방법을 주말을 이용해서 고민하고 사업가 마인드로 할 수 있는 훈련들을 계속하면 좋을 것 같아요.

제네시오몬 자투리 시간을 활용하는 것이 사업을 준비하는데 있어서 정말 도움이 많이 돼요. 제가 다녔던 회사는 공연 회사였는데, 그래서 여러 방면으로 의견을 내고 시도할 수 있는 것들이 많았어요. 제가 처음 시도했던 것이 온라인 쇼핑몰이었어요. 쇼핑몰은 시간과 공간의 제약을 받는 것이 아니기 때문에 회사에서 머무는 시간 외의 시간을 투자해 쇼핑몰을 만들었습니다. 처음에는 돈을 주고 쇼핑몰 템플릿을 구매했었고, 업체에 맡겨서 제작을 했어요. 그런데 그렇게 하니 고정 지출 비용이 많았고, 이런 비용들을 어떻게 줄일까 고민하게 됐어요. 그래서 공연을 마치고 오는 자투리 시간이나 연습 시간 이후에 책을 사서 홈페이지 만드는 법에 대한 공부를 했죠. 지금은 쇼핑몰 운영을 하진 않지만 그때 자투리 시간에 배웠던 걸로 공부를 해서 사업을 처음 시작할 때 홈페이지를 직접 제작할 수 있었습니다. 이런 자투리 시간들을 할애해서 본인들이 나중에 큰돈을 들이지 않고서도 직접 뭔가를 만들 수 있는 기회들은 굉장히 많아요. 이런 시간들을 잘 활용했으면 좋겠어요.

아빠투툼몬　　　　네, 그렇다고 해서 직장생활에 너무 소홀해지면 안 되니까 주말이나 퇴근 이후의 시간을 잘 이용해야 합니다. 예를 들어, 카페 창업을 염두하고 있다면 주말에 직접 파트타임 아르바이트로 카페에서 일하는 것도 좋은 방법이 되겠죠.

젬베몬　　　　《코끼리와 벼룩》이라는 책을 보면 이런 내용이 나옵니다. 코끼리의 삶과 벼룩의 삶이 있는데, 내가 어떤 회사 안에 있을 때 나는 코끼리라는 거예요. 코끼리는 코를 뻗어서 열매를 먹기도 쉽고, 물도 물가에서 그냥 마시면 되죠. 코끼리의 삶을 살 때는 모든 것이 쉬운데, 회사를 나와 버리면 나는 벼룩이 됩니다. 벼룩은 어디를 가든 다른 동물의 피를 빨아먹어야 하고 언제 잡힐지도 모르는 위기에 노출되어 있지요. 그리고 몸이 작기 때문에 겪는 어려움들도 많구요. 회사라는 울타리 안에서의 경제활동과 회사 밖에서 창업자로서의 경제활동은 그만큼 다른 것이죠. 이런 부분에 대해서 미리 생각을 해 보는 것이 중요합니다.

아빠투툼몬　　　　예전에 창원의 모 대기업 차장님을 만난 적이 있어요. 잘나가는 대기업의 차장인 분이 블로그를 하고 싶다는 거예요. 제가 블로그 교육을 하니까 누군가가 저를 소개해서 잠깐 미팅을 하고 왔는데, 그분 이야기는 이랬습니다. 평소 그림, 도자기, 조각 등 예술품들에 관심이 많았던 그 분은 직장생활을 하면서 근처 조각 공원이나 전시회 등을 다니며 주말을 보냈다고 해요. 그에 관련된 사진들을 찍어서 SNS에 올리곤 했는데, 그걸 하다 보니 SNS만으로는 표현하는 데 한계를 느꼈고 주변의 권유로 블로그에 관심을 갖게 되었다는 겁니다. 근데 중요한 건, 그 분은 '내가 현재는 대기업에 근무하고 있지만 나중에는 경남에 놀러오는 사람 또는 주말을 어떻게 보낼지 모르는 직장인들을 위해 문화, 예술 등과 관련된 여가 장소를 가이드해주고 싶다'는 생각을 갖고 있었다는 거예요.

그러니까 회사를 다니면서 막연히 은퇴하면, 혹은 5년 후에는 10년 후에는 이런 것을 해야지 하는 생각만 할 것이 아니라 회사를 다니는 동안 짬을 내서 그 생각을 행동으로 조금씩 옮겨보는 것이 중요합니다.

젬베몬　　　　그리고 창업을 계속 준비하다보면 창업 아이템이 추가되거나 바뀌는 경우가 생겨요. 그럼에도 사업을 운영한다는 사실은 변함이 없어요. 그렇기 때문에 사업 운영에 대한 노하우를 미리 습득해놓는 것이 좋습니다. 여기서 사업 노하우는 자신의 전공 분야가 아닌 공동 분야에 관한 거예요. 이를 테면, 세금과 관련된 부분 같은 것 말이죠.

제네시오몬　　　　사실 저는 사업자를 먼저 냈었어야 했는데, 인테리어를 하고 난 후에 사업자를 내서 이전에 지출한 비용에 대해 공제를 받지 못한 부분이 있었어요. 사업을 처음 하는 사람들 중에 저와 같은 실수를 하는 사람들이 많을 거라 생각합니다. 자잘한 부분까지 알아보고 미리 계획을 철저하게 세워야 해요.

아빠투툼몬　　　사업자등록보다 먼저 해야 하는 것이 상표 등록이에요. 이것도 창업 준비하시는 분들이 잘 모르는 사실이죠. 그러니까 회사를 다닐 때 창업 관련 서적을 읽던지, 창업 관련 팟캐스트를 듣던지, 주변에 창업하고 있는 사람들이 어떻게 살고 있는지 알아보는 활동들을 통해 미리 정보를 습득해서 기본적으로 알아야 할 것들에 대해 습득하고 감을 잡아야 합니다.

근무하고 있는 회사 근처에서 창업 모임이나 세미나가 있다면 직장을 다니더라도 들을 수 있겠죠. 그런 것들을 듣고 분위기를 파악하면서 나 자신을 우물 안이 아닌 바깥 세상에 대해 초점을 맞추고 있어야 합니다. 계속 그런 외부활동을 하고 사람을 만나봐야 사업가로 바뀌게 됩니다. 계속 월급쟁이의 마인드로 사업을 하게 되면 분석 마비에서 헤어 나오지 못하고 사업에 실패하는 경우가 허다해요.

제네시오몬　　　이건 사소한 것일지도 모르지만, 저의 경우 회사 다닐 때 업무 달력을 작성하는 습관을 들인 것이 많은 도움이 됐어요. 창업에 대한 시뮬레이션을 대략 1년치 혹은 넉넉잡아 2년치 정도 미래 업무 달력을 미리 준비해보면 나중에 실제로 사업을 운영할 때 도움이 될 거예요. 이것 역시 회사 다닐 때 습관을 들여놓는 것이 중요해요.

창업몬이 추천하는 창업 준비를 위해 읽어볼 책/방송

TED (www.ted.com)

Technology, Entertainment, Design의 약자로, 미국의 비영리 재단에서 운영하는 강연회. 강연은 18분 이내에 이루어지며, 강연 하나하나를 'TED TALKS'라 한다. "알릴 가치가 있는 아이디어"(Ideas worth spreading)가 모토로, 2006년부터 강연 동영상을 웹사이트에 올려 많은 사람들이 볼 수 있게 해놓았다.

명견만리

KBS 1TV에서 방영하는 시사/교양 프로그램으로 강연과 다큐를 결합한 렉처멘터리다. 다양한 분야의 전문가들과 문화 인사들의 강연을 접할 수 있다.

청년창업 RUNWAY

YTN에서 방영하는 시사/교양 프로그램으로 21세기형 글로벌 창의인재들의 성공 스토리를 접할 수 있다.

도서

마츠오 아키히토, 《주말사장으로 사는 법》, 더난출판사
이희우, 《쫄지말고 창업》, 이콘
우노 다카시, 《장사의 신》, 쌤앤파커스

아빠투툼몬　　저도 회사를 다니면서 탁상 달력에 메모하는 습관을 들였었어요. 회의할 때도 수첩뿐만 아니라 탁상 달력도 같이 들고 들어갔습니다. 이런 작은 습관들도 사업의 성패에 한 부분을 차지하는 것 같아요. 마찬가지로 시간 관리도 신경 써야 합니다. 회사에서

자투리 시간을 그냥 날리는 경우가 많은데, 막상 사업을 하게 되면 내 시간이 굉장히 소중해져요. 창업자의 시간은 직장인의 시간과 다릅니다. 그래서 스마트 워킹(smart working)을 하는 습관을 회사에서부터 들이는 것이 좋습니다. 창업을 하면 혼자서 많은 일들을 해야 하기 때문이죠. 그런 면에서 회사에서 지원해주는 교육이 있으면 무조건 참여하는 게 좋아요. 컴퓨터 활용능력을 높여 업무처리 속도를 높여줄 수 있는 교육이나 시간관리 등의 교육과 같은 교육들은 회사 내에서 많이 진행하기도 하거든요.

제가 회사 다닐 때는 회사에서 그룹 교육을 강제로 들으라고 했었어요. 1년에 8학점 이상 꼭 받아야 했고, 교육을 1년에 30시간 이상 안 받으면 승진할 때 누락되는 회사 내규도 있었습니다. 회사에서 온라인 캠퍼스도 열어주고, 회사 연수원에서는 오프라인으로 러닝(learning) 센터도 열어서 직원들을 강제로 교육 보내기도 했어요. 그 과정에는 실무 교육도 있지만 사업 시 활용할 수 있는 공통 교육, 예를 들면 시간관리 잘하는 법, 경영에 관련된 것, 품질 관리 등을 다루는 교육들도 많았습니다. 회사 다닐 때 회사에서 해줄 수 있는 것들을 다 활용하고 나오는 게 좋아요.

젬베몬　　　저는 이전에 근무했던 회사에서 관리 업무를 했었어요. 평소에 관심이 있었던 교육이 몇 가지 있어서 교육에 관한 팩스가 오면 다 챙겨놨었죠. 그러다가 사장님에게 제안을 했습니다. '이런 교육이 있는데 들으면 좋겠습니다.' 그런데 사실 이 교육들은 제가 듣고 싶은 교육들이었죠. 안타깝게도 대부분의 경우 회사의 비용 문제 때문에 컨펌이 되지 않은 경우가 많았지만, 적극적으로 교육에 참여했던 것이 현재 제 사업을 꾸려나가는 데 좋은 거름이 되고 있는 건 사실이에요.

기존에 계획을 세운다고 하더라도 계획대로 되는 것은 거의 없기 때문에, 상황은 계속 바뀔 수 있어요. 현재 내가 공부하고 있는 것이 전부는 아니니, 일단은 기본적이고 공통적인 틀에 대해 미리 준비하고, 그 외의 것들은 나와서 현장에서 부딪히는 것이 중요합니다. 또 한 가지 조언을 덧붙이자면, 지금까지 직장에 다니면서 준비해야 할 것들을 이야기하긴 했지만 적정선을 정해 어느 정도껏 준비하는 것이 중요하다고 생각해요. 너무 많은 걸 준비하려고 하다가 시작조차 못하는 경우가 생길지 모르니까요.

퀴즈로 정리해보는 창업 노하우 1

1. 다음 중 사업자 등록을 위해 필요한 서류가 아닌 것은?

   1) 사업자등록신청서

   2) 임대차계약서 사본

   3) 인허가 및 사업을 영위할 때 허가/등록/신고증 사본

   4) 통장 사본

   5) 자금출처 명세서

2. 사업자등록은 언제쯤 하는 것이 좋을까요?

3. 다음 중 간이과세자에 대한 설명으로 틀린 것은?

   1) 세금 계산서 발급이 가능하다

   2) 연간 매출액이 4800만 원 이하일 것으로 예상되는 소규모 사업에 해
      당된다

   3) 부가가치율을 추가로 곱해주어 일반과세자에 비해 낮은 세율이 적용
      된다

   4) 부가가치세 전액을 공제받을 수 없다

   5) 간이과세자 적용불가 업종이 있다

4. 창업 자금을 조달하는 방법 중, 인터넷 플랫폼을 통해 다수의 대중에게 조금씩 투자를 받아서 자금을 모으는 방법을 무엇이라고 하나요?

5. 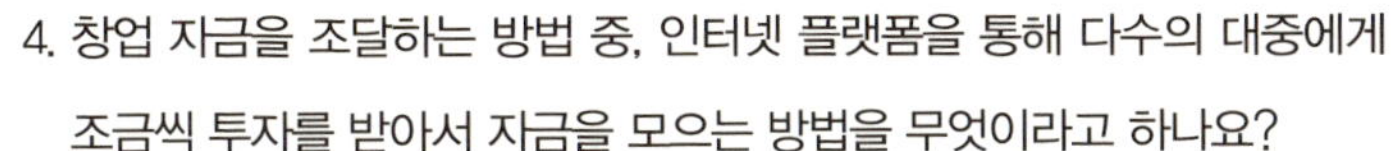 자신이 다니고 있는 직장 내(또는 직장인이 아닌 경우, 자신이 소속된 지역 내)에서 참여할 수 있는 교육프로그램이나 창업 훈련 프로그램을 찾아 목록을 만들어보세요.

정답

1. 4)

2. 20일 전. 업종에 따라 다르겠지만, 인테리어 공사가 필요한 경우 이 공사비용에 대해 매입계산서를 끊어 환급을 받을 수 있으니 미리 등록하는 것이 좋습니다.

3. 1)

4. 크라우드 펀딩

5. 적용문제는 답이 없는, 직접 실천해볼 수 있게 제시된 활동 문제입니다. 해도 그만, 안 해도 그만인 문제지만 생각으로만 그치지 말고 한 번 해보세요. 작은 것부터 시작하는 것이 중요합니다.

Chapter 2

끝난줄 알았지?
전쟁은 이제부터
시작이야

'삶에서 아무 문제도 갖고 있지 않은 사람은
이미 인생이란 경기에서 제외된 사람이다.'
당신의 미간이 찌푸려질 만한 문제가 있다면 안심하십시오.
당신은 지금 인생이란 경기를 뛰고 있는 중이니까요.

'홍보'
어디까지 해봤니?

시간은 우리각자가 가진 고유의 재산이요. 유일한 재산이죠. 그것을 어떻게 사용할 것인지 결정할 수 있는 것은 오로지 우리 자신뿐입니다.

다양한 온라인, 모바일 플랫폼이 생겨나면서 비용을 들이지 않고도 노력과 시간만 투자하면 대중에게 자신의 아이디어와 제품을 홍보할 수 있게 되었습니다. 이제 당신의 시간을 가장 적게 투자하면서도 최대의 효과를 얻을 수 있는 홍보 전략이 필요한 때입니다.

아빠투툼몬　　1인 사업가들에게 가장 중요한 것 중 하나가 홍보인 것 같은데요. 어떻게 하는 게 효과적일까요?

제네시오몬　　사실 가장 저렴하고 쉽게 접근할 수 있는 홍보는 전단지 배포인 것 같아요. 저는 처음에 세 시간 정도 아파트에서 전단지를 돌려요. 이전까지는 전단지를 오후나 저녁에 돌렸었는데, 오늘은 다른 일정이 있어서 특별히 아침 일찍 전단지를 돌렸죠. 근데 아침 9~11시 사이에는 청소하시는 아주머니들이 청소하는 시간이라 그 전단지들을 떼버리시는 걸 알았어요. 만약 전단지를 제작해 배포할 생각이라면 시간대까지 고려해야 할 것 같아요.

아빠투툼몬　　아파트에서 전단지를 돌리면 입대위(입주자대표위)에서 가만히 있지 않을 텐데, 괜찮나요?

제네시오몬　　제가 알아본 바로는 아파트 자체의 각 세대마다 돌리는 것은 불법이 아니라고 하더라구요. 근데 문제는 아파트 관계자와 마찰이 생길 수도 있다는 점입니다. 특히 민원이 들어갈 경우, 벌금이 부과될 수 있어요. 그래서 사전에 아파트 경비실과의 조율을 통해서 돌리는 것이 현명한 방법이에요. 또 어떤 아파트는 일정 비용을 지불하면 전단지를 비치해주거나 돌리게 해주는 곳도 있어요. 아파트 게시판에 일정 비용을 지불하고 일정 기간 동안 홍보물을 게시하는 경우도 있구요. 전단지 홍보를 계획하고 있다면 이런 부분에 유념해서 아파트 측과 조율을 하에 진행해야 합니다.

아빠투룸몬　　　직장 다닐 때 생각이 나네요. 영업사원들이 보통 영업을 하게 되면 제일 많이 하는 게 입대위 회장들 만나서 얘기하는 것이었어요. 아파트에서 부스 세워서 영업하는 경우, 사전에 협의하려면 엄청나게 많은 돈이 들어갑니다. 아파트 측에서는 이런 것들이 익숙하니 이런 홍보를 받아들이는 게 돈이 된다는 것을 알고 있죠. 그래서 무작정 아파트에 가서 홍보물을 뿌리거나 붙이면 이제는 큰일 나요. 조심해야 합니다.

제네시오몬　　　맞아요. 아파트 말고도 길거리에서 전단지를 배포하려면 관할 구청에 신고를 해야 해요. 그럼 신고한 후로 15일 정도를 활동할 수 있어요.

아빠투룸몬　　　그럼 그것도 구청에 돈을 지급하나요?

제네시오몬　　　네, 금액은 활동을 하는 곳에 따라 다 다르다고 알고 있어요.

아빠투룸몬　　　전단지 제작비용은 어느 정도 드나요?

제네시오몬　　　인쇄소마다 가격이 천차만별이에요. 보통 양면인쇄 1000장 기준으로 6~7만 원 정도면 저렴하다고 보면 될 것 같아요.

아빠투툼몬　　　인쇄비용도 비용이지만 디자인 비용도 들지 않나요?

제네시오몬　　　네, 그 비용이 사실 가장 많이 들어요. 저 같은 경우는 디자인을 직접하니까 아직까지 외주로 디자인비를 주고 맡겨본 적은 없어요. 하지만 주변의 이야기를 들어보면 디자인 비용이 상당히 많이 든다고 하더라구요. 포토샵이나 일러스트를 배워놓으시면 이런 부분에서 비용을 절약할 수 있으니 기회가 있으면 배우는 걸 추천드립니다.

아빠투툼몬　　　근데 디자인 툴만 다룰 줄 안다고 되는 건 아닌 것 같아요. 좋은 디자인으로 제작해야 눈에도 확 들어오고 홍보 효과도 있으니까 많은 돈을 내고도 디자인을 맡기는 게 아닐까요? 디자인 센스가 없는 사람들은 어떻게 하는 게 좋을까요?

제네시오몬　　　대부분의 소상공인들에게 도움이 될 수 있는 팁을 드리자면 재능기부를 통해 조금 저렴하게 프리랜서로 활동하는 분들이 디자인을 해주는 경우가 있어요. 혹시 주변에 그런 분들이 있다면 찾아보는 것도 좋은 방법이 될 수 있습니다.

참새몬　　　　맞아요. 이와 관련된 사이트가 있어요. 프리랜서들이 모여서 자기 재능을 올려놓고 능력을 거래하는 사이트들인데, 전문 업체에 맡기는 것보다는 그런 곳을 이용하면 비용을 절감하는 데 도움이 됩니다.

젬베몬　　　　네, 근데 이런 사이트일 경우 디자이너와의 커뮤니

재능 거래 사이트, 어떤 게 있을까?

소상공인으로서 부담되는 디자인 또는 제작비. 비용절감을 위해 프리랜서들이 모여 재능을 거래하는 사이트를 이용해보세요.

재능넷 (http://www.jaenung.net)
디자인, 번역, 문서작성, 마케팅, 프로그램 개발, 생활서비스 등 다양한 분야의 재능을 가진 프리랜서들을 찾아볼 수 있는 사이트

크몽 (kmong.com)
대표적인 재능 거래 중개 업체로 디자이너, 블로거, 프로그래머, 번역가 등 재능 판매자와 구매자를 연결. 마케팅관련 어뷰징상품이 가장 많이 분포되어 있어 마케팅에 어려움을 겪는 소상공인들이 많이 찾는 사이트

재능in (http://cafe.naver.com/goodjobfreelancer)
네이버 재능마켓으로 네이버 카페로 운영되고 있는 재능 거래 플랫폼입니다. 누구나 이용이 가능한 자유 마켓이고 다른 사이트들과 달리 수수료를 지급하지 않아도 되는 것이 장점입니다.

케이션 횟수가 정해져 있어요. 이 부분을 고려해서 진행해야 합니다.

아빠투툼몬　　　맞아요. 작업 의뢰 전에 프리랜서에게 맡기더라도 사전에 그런 부분들을 잘 협의해서 진행해야 합니다. 그래야 홍보물을 만들 때 비용이 추가적으로 들지 않아요.

제네시오몬　　　홍보도 목적에 맞게끔 해야 해요. 가볍게 돌리는 전단지 같은 경우에는 저렴한 비용으로 해도 되지만 조금 고급스럽게 팸플릿을 제작하는 경우에는 아무래도 퀄리티 있게 주문 제작을 해서 홍보하는 게 효과가 있습니다.

저 같은 경우, 제안서를 소책자(일종의 포트폴리오 형식)로 만들어서 우편으로 발송하기도 했어요. 그냥 전단지를 발송했을 때보다 관계자들이 꽤 좋아하셨죠. 책으로 만들다보니 디자인 비용이 들긴 했어요. 인터넷에서 이런 16페이지짜리 소책자를 만들 수 있는 무료 템플릿도 구할 수 있어요. 제안서나 포트폴리오 같은 경우, 기왕이면 PPT 출력본보다는 좀 더 전문적으로 디자인을 깔끔하게 하는 게 받아보는 입장에선 더 좋을 것 같아요.

아빠투툼몬　　　전단지에는 또 주의해야 할 점이 있는데, 전단지에 연예인 사진을 넣는 경우가 간혹 있어요. 연예인 사진은 다 저작권(초상권)으로 함부로 넣어서는 안 됩니다. 고발당해서 역으로 더 손해 보는 경우가 생길 수도 있어요.

제네시오몬 또 주의해야 할 점은, 학원 창업을 원하시는 분의 경우 전단지에 반드시 교습비를 기재해야 합니다. 그래야 합법적으로 홍보가 된다고 교육청에서 밝힌 바가 있습니다. 전단지에 교습비가 명시되어 있지 않으면 벌금을 내야 해요. 요즘 학파라치가 유행하고 있기 때문에 그런 작은 부분 하나하나가 학파라치의 표적이 될 수 있습니다. 이건 학원뿐만 아니라 개인 레슨도 해당됩니다. 교육청에 정식으로 인가받은 교습소, 혹은 개인 과외를 하는 분들도 교육청을 통해서 하는 분들은 반드시 홍보물에 교습비를 명시해야 합니다.

아빠투툼몬 그런데 전단지에 명시한 교습비와 실제 교습비가 다를 경우도 처벌을 받나요?

제네시오몬 반드시 교육청에 등록된 교습비만 징수하도록 되어 있어요. 예를 들어 교습비가 10만 원이라면 할인해서 8만 원을 받는 것도 안 됩니다. 교습비를 초과 징수하거나 모자라게 징수하는 것은 불법이에요. 만약 교육 과정 코스가 여러 개라면 그것들을 빠짐없이 기재해야 합니다.

젬베몬 그리고 또 주의해야 할 게 폰트 저작권이에요. 폰트

저작권은 굉장히 민감한 사안입니다. 가정용으로 무료 배포된 폰트를
상업용으로 사용했다가 걸려서 벌금을 무는 경우가 있어요. 반드시
업체를 껴서 하거나 상업적으로 사용 가능한 상용 무료 폰트를 사용
하는 게 가장 좋습니다. 검색 포털에서 '상용 무료 폰트'를 검색해서
사용하면 됩니다. 대표적인 것이 '네이버 나눔체', '배달의 민족체' 등
이고 10가지 정도 되는 걸로 알고 있어요.

아빠투툼몬　　　그렇군요. 그럼 제안서 같은 걸 만들 때도 저작권이
있는 폰트를 사용하면 안 되는 건가요?

제네시오몬　　　엄밀히 말하면 안 됩니다. 회사에서 사용하는 용도
로는 사용할 수 없어요.

참새몬　　　그럼 만약, 기업용 프로그램(ex. 한컴 기업용 버전)을
구입한 경우 거기에 포함된 폰트의 경우는 어떤가요?

제네시오몬　　　기업용 프로그램에 포함된 폰트는 사용해도 됩니
다. 그래서 개인용과 기업용은 반드시 구분해야 합니다. 소프트웨어
자체가 개인용, 기업용으로 나뉘어져 있고, 기업용 소프트웨어 안에
들어있는 폰트는 사용해도 되고 개인용 소프트웨어로 문서를 만들 때
는 폰트를 구매해서 사용해야 해요.

젬베몬　　　　대부분의 사람들이 사진이나 이미지에 대한 저작권은 잘 알지만 폰트 저작권에 대해서는 잘 몰라요. 요즘엔 저작권 사냥꾼이라고 해서 먹고 살기 힘든 변호사들이 이쪽으로 많이 몰린다고 해요. 일부러 파파라치처럼 조사하고 다니면서 합의 안하면 고발한다는 식으로 기간을 굉장히 촉박하게 주고 합의금 보내라는 내용증명을 많이 보낸다고 하더라구요. 잘 모르는 사람들은 무서워서 대부분 합의를 한다고 합니다. 합의금액도 그리 크게 요구하지 않는다고 해요. 대략 50~100만 원 정도? 근데 합의하고 나서 보니 그냥 모든 곳에 내용증명을 뿌리고 다니는 사냥꾼이었던 거죠.

저작권을 지켜야 하는 건 맞지만 모르고 어기는 사람들도 많기 때문에 그럴 때 혹시나 이런 식의 협박성 내용증명을 받으면 당황하지 말고 주변의 변호사나 가까운 변리사 사무실을 찾아가서 저작권 전문가에게 꼭 다시 한 번 확인을 하고 그것에 따른 대응을 하는 게 현명합니다.

제네시오몬　　　　폰트라 하면 문서상의 폰트를 말하기도 하지만 영상에서 사용되는 폰트도 있어요. 예를 들어서 문서상으로는 사용 가능하지만 영상에서 사용할 땐 추가로 라이선스를 얻어야 하는 폰트도 있습니다. 한 영상 당 폰트에 대한 라이선스를 지불해야 하는 것으로 알고 있어요. 적게는 50만 원부터 많게는 몇 백만 원까지 들어요. 그러니 폰트는 상용 가능한(상업적으로 사용 가능한) 폰트를 사용하는 게 가장 안전합니다.

아빠투툼몬　　　전단지 배포로 인한 홍보 효과는 어느 정도인가요?

제네시오몬　　　저 같은 경우, 전단지를 두 달에 한 번 꼴로 뿌리는
데 사실 전단지의 효과는 생각보다 크지 않아요. 실제로는 인터넷을
보고 오는 사람이 대부분입니다. 그런데 전단지를 돌리는 이유는 제
가 하는 사업이 지역 주민들을 대상으로 하는 사업이다 보니 주민들
에게 계속 노출하기 위함이에요. 어떤 조사에 따르면 요식업의 경우
도 전단지를 보고 주문하는 경우는 0.3% 정도라고 해요. 그런데 이걸
하는 이유가 그 지역 주민들에게 계속 알리려는 의도 때문이죠. 지금
은 제가 활동하고 있는 관할 동에서 게시판을 만들어주셔서 그 게시
판을 이용해 굳이 신고하지 않고 전단지를 게시하고 있어요.

아빠투툼몬　　　다른 분들은 혹시 전단지를 붙여본 적이 있나요?

젬베몬　　　저 같은 경우는 전단지는 잘 안 붙이고, 공연할 때
티켓과 포스터를 만들어요. 포스터나 티켓은 디자인까지 인쇄소에 맡
겨서 진행했기 때문에 저작권과 관련해서 이슈가 생기진 않았어요.
여러 가지 복잡한 걸 싫어하시는 분들은 이렇게 인쇄소에 일괄로 맡
기는 것도 방법일 수 있어요.

　　　　사실 요즘은 홍보를 주로 온라인으로 많이 하는 것

같아요. 저도 그렇구요. 저는 제가 운영하는 블로그를 통해, 관련 온라

무료 이미지, 무료 폰트 어디서 받을 수 있나요?

〈무료 이미지 사이트〉

픽사베이 (pixabay.com/ko)

최대 규모의 저작권 이미지 무료 사이트. 원본 이미지 외에도 사이즈별로 파일을 다운로드 할 수 있으며 상업적 이용에도 제한이 없음.

Let's CC (letscc.net)

CCL로 공유된 콘텐츠를 검색할 수 있는 사이트. 메인 화면에서 박스 체크 후 검색하면 상업적으로 이용가능한 콘텐츠들이 표시됨

※ 무료 이미지를 찾을 때 주의할 점

일반적으로 인터넷에서 공유된 무료 이미지 배포 사이트는 이미지 사용이 무료이긴 하지만 상업적 이용이 허용되지 않는 경우도 많습니다. (비영리 용도로만 사용 가능한 것도 마찬가지) 그렇기 때문에 해당 사이트의 이미지 저작권이 상업적 용도로 사용이 가능한지 확인 하는 것이 중요합니다.

〈대표적인 무료 폰트〉

네이버 나눔글꼴

배달의 민족 '한나/주아/도현체'

야놀자 '야체'

관공서, 기관의 무료폰트 '서울한강체, 서울남산체, 부산바다체, 제주고딕, 제주명조, 제주한라산, 청소년체'

어도비 '본고딕'

인 커뮤니티를 통해 홍보합니다. 그리고 SNS 단톡방을 만들어서 홍보하기도 해요.

아빠투툼몬　　　사실 온라인 홍보가 우리 같은 젊은 창업자들에게 가장 저비용에 고효율을 가져다주는 방법이죠. 근데, 단톡방이라니 특이한데요? 단톡방에 들어올 사람들은 어떻게 모집하나요?

참새몬　　　처음엔 아는 사람들을 초대해요. 일종의 네트워크 마케팅이었죠.

아빠투툼몬　　　단톡방과 비슷한 느낌이긴 한데 제가 사용하고 있는 게 카카오 옐로 아이디예요. 카카오톡에서 나온 비즈니스 ID인데, 옐로 아이디에서는 한글 아이디를 제공해줘서 카카오톡 ID 검색창에 한글로 '아빠투툼'을 검색하면 제 아이디 계정이 나와요. 거기에 카카오톡 유저들이 친구 추가를 할 수 있죠. 옐로 아이디를 통해서 모바일 홈도 노출시킬 수 있고, 친구 추가를 하면 자동으로 홍보 및 안내 메시지도 보낼 수 있게 되어있어요. 관리자를 여러 명 지정할 수도 있고 고객이 말을 걸면 바로 응답할 수 있다는 장점이 있어요. 그리고 일정 비용을 지불하면 단체 메시지를 보낼 수도 있죠. 카카오톡 명함 같은 홍보 키트들도 옐로 아이디에서 받은 거예요. 요즘은 카카오톡을 모든 사람들이 쓰다 보니 옐로 아이디를 노출시키면서 카카오톡으로 바로바로 문의가 오고 있어요. 또 하나의 장점은 이 계정을 만드는데 돈이 하나도 들지 않는다는 거에요. 카카오톡 플러스 친구의 개인 버전이라고 생각하면 될 것 같아요.

젬베몬   저 같은 경우는 각종 커뮤니티 사이트에 홍보 글을 올리는 정도로만 홍보를 하고 있어요.

아빠투툼몬   보통 남의 커뮤니티 사이트에 가서 내 홍보글을 올리면 욕을 먹거나 신고를 당하지 않나요?

젬베몬   그래서 자신이 하는 사업과 연관성이 깊은 커뮤니티를 통해 홍보하는 게 중요합니다. 또 커뮤니티 중에는 가입해서 들어가면 홍보할 수 있는 공간이 있는 곳도 있어요. 저는 주로 그런 곳에 글을 올려요.

참새몬   커뮤니티에 홍보할 수 있는 공간이 없는 경우엔, 그 커뮤니티에 직접적으로 홍보 글을 올리면 관리자를 비롯한 사람들이 싫어하기 때문에 직접적이지 않게 글을 올려야 해요. 동호회 주제와 관련된 글을 쓰다가 내가 운영하는 참새 커뮤니티에서는 이런 일이 있는데… 라는 식으로 자연스럽게 흘러가도록 써야 하는 거죠.

아빠투툼몬　　　온라인 마케팅을 잘 하려면 스토리텔링 능력도 갖추고 있어야 겠네요. (웃음) 앞서 다들 이야기해주신 것처럼 지금은 온라인 마케팅 시대죠. 다들 온라인 마케팅으로 사업체 홍보를 많이 하는데 블로그가 가장 많은 것 같아요. 왜냐면 제 경험상 블로그가 검색 노출이 가장 잘 되는 편이거든요. 하지만 어떤 플랫폼을 이용하든 다 일장일단이 있는 것 같아요. 홈페이지를 따로 만들어서 운영하는 것과 블로그, 카페, 소셜미디어만 사용하는 것이 효과성으로 봤을 때 어떤 차이가 있을까요?

제네시오몬　　　저는 홈페이지, 블로그, 소셜미디어 이 세 가지를 통해 온라인 마케팅을 하고 있어요. 근데 각각의 방향성이 달라요. 마술 공연 회사 관련해서는 홈페이지를 통한 포털사이트에 키워드 광고를 많이 합니다. 키워드 광고의 장점은 불특정 다수에게 광고를 할 수 있다는 것이 장점이에요. 그래서 내가 알지 못했던 잠재 고객을 끌어들일 수 있죠. 키워드 광고는 공연 분야에서는 효과가 좋은 편입니다. 사진 분야 같은 경우는 주로 아티스트들을 통해서 하다 보니 소셜미디어를 통한 바이럴 마케팅이 주가 되고 있어요. 학원의 경우엔 블로그로 홍보를 하고 있어요. 뿐만 아니라 학원은 오프라인(전단지)과 키워드 광고도 같이 진행하고 있어요.

키워드 광고는 설정을 다르게 할 수 있어요. 내가 원하는 지역만 광고가 나갈 수 있게끔 지역을 제한할 수도 있어요. 타 지역 사람들이 광고를 봐도 광고 효과도 별로 없다면, 이렇게 지역을 설정하는 것도 방법이에요. 사람들의 클릭 수로 비용을 지불하는데, 그 비용도 만만치 않거든요.

아빠투톰몬　　한 달에 키워드 광고로 지출하는 비용은 어느 정도 되나요?

제네시오몬　　저는 많이 지출하지는 않는 편이에요. 주위에 회사를 운영하는 분들을 보면 평균 한 달에 30만 원 정도 지출하는 것 같아요. 저는 10만 원 정도 지출하고 있어요. 포털의 검색 광고 설정에 보면 노출하는 위치를 설정할 수 있는데, '파워 링크', '비즈 사이트' 이런 식으로 설정할 수 있어요. 이것도 전략적으로 설정해서 진행하면 비용을 절감하면서도 홍보 효과를 크게 얻을 수 있어요. 저 같은 경우는 광고가 중간쯤에 있으면 애매하다 싶어서 아예 최 하단에 배치하는 전략을 썼어요. 가장 낮은 단가로 진행할 수 있으면서 유저가 스크롤을 내리면 가장 아래부터 보인다는 장점이 있어 이렇게 광고를 진행했어요. 이렇듯 자신의 사업에 맞게 홍보 목적에 맞춰서 광고를 하는 것이 최선이라고 생각해요.

아빠투톰몬　　키워드 광고의 효과는 어떤가요?

제네시오몬   학원의 경우는 지역을 대상으로 하다 보니 오프라인 광고보다 키워드 광고를 통해 방문하는 분들이 많아요. 왜냐하면 오프라인 광고를 보고 그걸로 그치는 게 아니라 요즘은 검색을 해보거든요.

공연의 경우엔 전국 단위로 '마술 공연', '브랜드 런칭'이란 단어로 키워드 등록을 했어요. 그러면 기업체에서 검색을 해서 각 홈페이지 별로 사이트를 비교하는데, 그렇게 해서 홈페이지를 보고 오는 경우가 있어요. 검색 광고는 생각했던 것보다 투자 대비 효과가 큰 것 같아요. 그런데 반드시 꼭 해야 할 것이 있습니다. 홈페이지만 있다고 해서 좋은 것은 아니라는 거예요. 사람들이 검색을 해서 들어왔을 때 홈페이지가 잘 꾸며져 있고, 콘텐츠가 충실하다는 느낌을 받아야 합니다.

참새몬   홈페이지 운영하는데 드는 비용은 어느 정도인가요?

제네시오몬   홈페이지에 대해 잘 모르시는 분들이 제작이나 관리를 대행업체에 맡기는 경우가 많아요. 사실 본인이 직접 할 수 있다면 디자인만 의뢰하면 됩니다. 호스팅 비(서버 임대 비용)만 본인이 부담하면 되죠. 도메인 비용은 대략 2년에 3만 원 정도로, 저는 한 달에 몇 천원 정도만 지출하고 있어요.

참새몬   사실 홈페이지를 만들어야 하나 만들지 않아도 되나 고민이 되는 것 같아요. 블로그나 카페 같은 플랫폼을 이용해도 충분하지 않을까 하는 생각도 들구요. 어떤 경우에 홈페이지를 만들면 좋을까요?

제네시오몬　　　브랜드적인 면이 강하신 분들이라면 홈페이지를 갖추는 게 좋다고 생각해요. 홈페이지를 만들었을 때 좋은 경우가 있고 그렇지 않은 경우가 있는데, 사업 방향이라든지, 판매 상품이라든지 이런 것들이 구체적으로 갖춰진 상태라면 홈페이지를 만들어서 좀 더 차별화된 전략을 실행하는 게 좋습니다. 그런데 아직 사업 방향이나 판매 상품이 구체적이지 않다면, 블로그나 카페를 만들어서 운영해서 고객을 확보한 뒤에 홈페이지를 만들어서 브랜드 런칭을 하는 식으로 진행하는 것이 가장 좋다고 생각해요. 사실 사업 초창기엔 홈페이지의 필요성이 그리 크지 않거든요.

아빠투툼몬　　　요즘은 네이버에서 홈페이지를 무료로 만들 수 있는 서비스를 제공하고 있어요. 기능이 제한적이긴 하지만 홈페이지 만드는 법을 모르는 사람도 쉽게 만들 수 있게 되어있어요. 이 서비스의 장점은 검색을 했을 때 네이버 포털 최상단에 노출될 수 있다는 점, 모바일 버전으로도 최적화되어 있기 때문에 스마트폰에서도 가독성이 좋다는 점이에요.

참새몬　　　　　　사업의 종류에 따라 이런 포털 사이트의 페이지를 플랫폼 삼아 홍보할 수 있는 방법도 많이 있어요. 예를 들어, 의류 관련 사업을 한다면 네이버 스타일윈도 같은 서비스를 이용해보는 것도 좋아요. 동네 옷가게들의 페이지를 만들어주고 홍보할 수 있게끔 서비스를 제공하거든요. 장점은 쇼핑검색 서비스가 네이버의 홈페이지 서비스와 연동되도록 만들어져 있다는 점이죠.

아빠투툼몬　　　　제가 예전에 회사 다닐 때 영업 부서에 있었는데, 영업을 할 수 있는 여러 채널들이 있어요. 저도 온라인 서비스를 여러 개 이용해봤어요. 검색 광고는 서비스에 대해 아는 사람들이 주로 이용하면 좋을 것 같고, 페이스북 같은 소셜미디어는 서비스에 대해 모르는 사람에게 홍보하기에 좋은 수단이라고 생각해요. 소셜미디어도 페이스북이든 인스타그램이든 각각의 특성을 잘 파악해서 자기에 맞도록 홍보를 해야 효과를 볼 수 있습니다.

젬베몬　　　　　　맞아요. 페이스북의 경우, 홍보 글을 불특정 다수가 보고 자신이 필요하지 않더라도 주위에 이런 상품 또는 서비스가 필요한 친구들을 태그해서 게시물을 공유하잖아요. 그런 점에서 효과가 있는 것 같아요.

아빠투툼몬　　　　맞아요. 소셜미디어를 통한 마케팅은 온라인 검색을 통해 찾는 것과는 다른 개념이라고 생각해요. 페이스북의 경우 저도 광고를 내본 적이 있고, 지금도 광고를 하고 있어요. 그런데 이건 검색 광고와는 달리 실제 구매로 이어질 확률은 훨씬 적더라구요. 검색 광고를 통해 들어온 사람은 이 상품, 서비스를 사용하려고 마음먹은 사람인 반면에 페이스북 광고는 아니거든요.

소셜미디어를 통한 마케팅은 이 제품, 서비스에 대해 몰랐던 사람에게 이런 서비스도 있다는 것을 알려준다는 개념으로 접근해야 할 것 같아요.

소셜미디어 광고 전략적으로 올리기

아빠투툼몬의 경험에 의거해서 대표적인 소셜미디어인 페이스북 광고를 어떻게 설정할 수 있는지 좀 더 자세히 알아볼게요. 일단 페이스북에서 광고를 올리는 방법은 페이지 홍보 광고와 게시물 광고, 두 가지로 나뉩니다. 페이지 홍보 광고는 자신의 페이스북 페이지를 페이스북과 인스타그램에 노출시키는 것이고, 게시물 광고는 페이스북 특정 게시물을 페이스북에 지속적으로 노출시키는 것인데, 전략적 홍보를 위한 광고 설정은 둘 다 동일합니다.

가. 노출위치: 타임라인 중간에 추천페이지로 노출

나. 광고에 노출되는 문구와 이미지 변경 가능

다. 타겟 설정 가능: 성별, 연령, 위치, 관심사

라. 광고 예산: 일일예산 최소 1000원부터 마음대로 설정 가능

마. 기간: 총 예산 범위 내에서 마음대로 조정 가능

바. 결제: VISA 카드 결제 가능

젬베몬　　　　또 다른 홍보 방법으로는 팟캐스트나 유튜브를 이용한 온라인 방송 마케팅이 있어요. 저도 앞으로 할 사업에 대해서 유튜브 콘텐츠 채널을 만들 계획이 있는데요. 공연 영상이나 뮤직비디오를 만들어서 그 채널에 업로드를 할 예정이에요.

요즘은 팟캐스트나 아프리카 TV같은 온라인 스트리밍 사이트를 통해서도 광고를 많이 하는데 기본적으로는 플랫폼 회사(ex. 아프리카 TV, 팟빵 등)와 직접 광고 계약을 맺어 광고를 노출 시키는 방법이 있습니다. 또 다른 방법으로는 콘텐츠를 제작하는 제작자와 계약을 하는 경우인데요. 이 같은 경우는 두 가지 방법이 있습니다. 하나는 콘텐츠 중간에 광고를 직접 노출 시키는 방법(ex. 중간광고)이구요. 다른 하나는 아예 제품 홍보를 위한 콘텐츠를 만들어서 게시하는 방법이 있습니다.

아빠투툼몬　　　　그 중 팟캐스트 방송은 크게 오디오 광고, 이미지 광고, 네이티브 광고로 나뉘는데요. 오디오 광고와 이미지 광고는 '팟빵'과 같이 팟캐스트 서비스를 제공하는 플랫폼에서 진행하는 광고로써 여러 팟캐스트 방송에 상품을 동시에 홍보할 수 있다는 장점이 있는 반면 사람들이 광고가 나오는 것을 싫어하기 때문에 잘 듣거나 보지 않고 스킵하는 경우가 많습니다.

반면 노출빈도는 적지만 광고 같지 않은 광고로 팟캐스트 진행자들이 방송 도중에 은근슬쩍 상품을 노출해주는 네이티브 광고를 이용하면 필요한 타깃 고객들에게 광고를 효과적으로 노출할 수 있다는 장점이 있어요. 그래서 저희 창업몬의 경우에도 5만 원 네이티브 광고를 시작했지요.

젬베몬　　　　그 외에도 미디어 광고나 PPL과 같이 홍보 방법은 무궁무진해요. 하지만 중요한 건 창업 초기 단계에서 광고비로 너무 많은 비용을 지출하는 것은 위험할 수 있다는 거예요. 스베누의 경우 광고비로 너무 많은 비용을 지출해서 자금사정이 안 좋아졌고 결국 이 부분이 폐업의 한 원인이 되었죠. 물론 광고비의 문제만이 아니라 무리한 사업 확장이 원인이었지만, 그 중에서 무리한 광고비의 비중도 다소 있었던 케이스입니다.

제네시오몬　　　　맞아요. 업종마다 홍보하는 방식도 다르기 때문에, 일단 자신의 업종에 적합한 홍보를 이것저것 시도해보는 것이 중요해요. 일단 처음엔 뭐가 적합한지 모르니까 다 시도해봐야 하는 것 같아요. 저도 제가 할 수 있는 홍보는 다 해본 것 같아요. 전단지부터 시작해서 현수막도 해보고, 인터넷 광고도 해봤어요. 그리고 광고 회사에 광고를 맡겨본 적도 있어요. 여러 가지를 다 해봤는데 하다 보니 사업 목적에 맞는 홍보 방향이 다 있다는 것을 알게 됐죠. 매체마다 특성이 각기 다르기 때문에 그 특성들을 잘 파악해서 홍보 계획을 세워야 해요.

홍보 계획안 짜기

자신의 사업 특성에 맞는 홍보 계획을 짜는 게 중요해요. 플랫폼(매체)의 특성을 고려하여 순위를 매겨보고 어떤 식으로 진행할지 구체적인 계획을 짜보세요.

		사업 특성상 각 매체의 장단점	우선 순위	구체적 계획
오프라인	전단지 배포			
	포스터 및 제작, 게시			
온라인	홈페이지			
	포털사이트 광고(유료)			
	소셜미디어 광고(유료)			
	미디어, 방송			
	소셜미디어 활용(무료)			
	블로그, 카페 등 운영			
	포털사이트 활용(무료)			

돈 얘기만 나오면 작아지는 그들...
세금, 세금? 세금!

실패를 두려워하지 않는 사람이 있을까요? 자신이 잘 모르는 분야에 겁 없이 도전할 수 있는 사람이 있을까요? 하지만 성공한 사람이건 실패한 사람이건 이 두려움에서 제외인 사람은 없습니다. 책《부자 아빠와 가난한 아빠》의 저자는 말합니다. '문제가 되는 것은 두려움이 아니다. 두려움을 다루는 방식이 문제이다. 실패를 다루는 방식이 삶의 차이를 만들어낸다. 이 점은 삶의 어느 곳에나 적용된다. 부자와 가난한 사람의 차이는 그런 두려움을 다루는 방식이다.'

자, 당신은 어느 편에 속하시겠습니까?

아빠투툼뫼　　　직장 다닐 때 1월은 기쁜 달이었어요. 13월의 월급이 있는 달이잖아요? 국세청의 연말정산 간소화 서비스가 오픈되기만을 기다렸다가 자료를 받아서 연말정산 서류를 내면 2월 급여가 나올 때 좀 따뜻하게 보낼 수 있었어요. 물론 토해내서 가슴 아파하는 사람들도 많았지만. 그런데 사업자가 되고 나니 돈을 내기 위해서 신고를 해야 된다는 것을 깨달았어요. 지금 생각해도 머리가 지끈지끈합니다. 부가세 신고를 한 후 블로그에 포스팅을 했는데 일 방문자 수가 갑자기 2000명 정도 늘었어요. 청년 창업자들에게 이 부분이 얼마나 골치 아프고 중요한 일인지 체감할 수 있었죠. 일단, 창업을 하면 어떤 세금을 내야 하나요?

참새뫼　　　업종에 따라 다 다른데요. 크게 보면 급여를 지급할 때마다 근로소득에 따른 원천징수를 해야 하고, 부가세를 신고해야 해요. 일반과세자는 6개월에 한 번씩, 간이과세자는 1년에 한 번씩 신고해야 하죠.

젬베뫼　　　또 1년 단위로 소득세(법인은 법인세)를 신고해야 해요. 소득세는 매출에서 각종 경비를 차감한 금액에 대해 종합소득세 세율(6~38%)이나 법인세 세율(10~22%)을 적용해서 세금을 내게 되죠.

제네시오뫼　　　가장 기본적으로 신경 써야 하는 게 부가세예요. 저도 이번에 신고를 했는데 매출보다 매입이 많아서 환급을 받아야 하는 상황이에요. 스튜디오 관련해서 사진 조명 기기와 카메라를 구입하는 바람에 매출에 비해 매입이 커졌거든요.

젬베몬   부가세는 어떤 경우에 환급받을 수 있나요?

제네시오몬   거래하는 모든 상품과 서비스에는 부가세가 모두 포함되어 있어요. 우리가 살 때도 부가세가 포함되어 있을 것이고 팔 때도 부가세가 포함되어 있는데, 세금 신고를 할 때는 이 두 개가 합쳤을 때 그 차익을 환급을 받아요. 플러스 마이너스 0원이 되면 더 이상 낼 돈이 없고 받을 돈도 없게 되고, 매출이 많아서 부가세가 매입에 비해 매출이 많으면 부가세를 내야하고, 만약 매출에 비해 매입이 더 큰 경우에는 나라에서 환급을 해줍니다. 단, 앞서 챕터1에서 이야기했듯이 간이과세자의 경우는 세금계산서를 발행하지 못하기 때문에 매입세액을 공제받지 못해요.

젬베몬   과세기간의 매출액이 2400만 원 미만이라면 부가세를 납부할 필요가 없어요. 하지만 부가세 신고는 해야 합니다.

아빠투툼몬   그럼 매출과 매입이 똑같이 운영되는 비영리단체의 경우는 부가세를 어떻게 내나요?

참새몬　　　　비영리단체는 매출과 매입이 항상 같아야 하는 사업체이기 때문에 납부해야 할 부가세는 0이 되겠죠.

제네시오몬　　　　하지만 비영리단체라도 부가세 신고는 해야 해요.

젬베몬　　　　맞아요. 실적이 없는 분들도 무조건 해야 합니다. 국세청 홈페이지에 들어가 보면 무실적자로 신고하는 부분이 따로 있어요. 사실 실적이 없어서 신고를 안 하면 부가가치세 신고 누락에 따른 가산세가 붙는데, 어차피 낼 세금이 없으니까 가산세는 붙지 않아요. 하지만 세금에 대한 세무 조사를 받게 될 수도 있어요. 그러니 꼭 신고를 해야 합니다.

아빠투툼몬　　　　맞아요. 매출이 없으면 가산세가 붙어봐야 0원에서 곱해지니까. 누락을 해도 크게 문제되진 않아요. 하지만 매출이 있는 경우엔 반드시 해야 해요. 매출이 있는 경우에 신고를 하지 않으면 탈세가 됩니다. 면세사업자들은 부가세 신고를 하지 않죠? 면세니까요.

제네시오몬　　　　면세사업자들은 부가세에 해당사항이 없고, '사업점 현황 신고'라는 걸 하게 되어 있어요. 면세사업자가 해야 하는 '사업점 현황 신고'는 해당 사업자의 인적 사항, 수입 금액, 시설 현황 등을 세무서장에게 신고하는 것을 뜻해요. 면세 사업자들은 반드시 해

- 신규 개인 사업자는 1사분기나 3사분기에 개업을 하면, 그 분기가 끝나는 달의 말 일부터 25일 내에 신고를 한 번 더 해야 합니다.
- 사업설비를 구입, 수출하는 경우 부가세를 조기에 환급받는 것이 가능해요. 이런 경우 세무서에 문의해서 절차를 밟아 진행하면 됩니다.

야 하는 거죠.

홈텍스 내 프로그램에 들어가서 보면 1년 간 매출, 학원의 경우 수강생 당 단가가 얼마고, 몇 명이 수강했는지 계산해서 매출이 나오게 되는데, 이 합계를 맞춰서 신고를 하는 게 있어요. 사업장 구조가 변경되었는지 이런 것도 나와 있어요. 면세사업자들은 부가세 신고를 안 하는 대신 사업점 현황 신고를 꼭 하도록 되어 있어요.

아빠투툼몬　　　근데 애매한 게, 다른 일반 사업을 진행하면서 면세 사업을 등록했다면 세금 신고는 어떻게 하나요?

제네시오몬　　　부가세가 과세되는 사업과 면세되는 사업을 동시에 경영하는 경우에는 부가세를 과세분과 면세분으로 나눠 신고해야 합니다.

젬베몬　　　보통 세금 같은 경우는 어느 정도 규모가 있는 사업장의 경우, 세무서에 맡기잖아요. 그런데 세무서에 맡기면 처음부터 끝까지 다 알아서 해주는 건가요?

제네시오몬　기본적으로 신고할 자료(영수증 등)는 전달해줘야 해요.

참새몬　신고 자료 누락을 줄이기 위해서는 어떻게 관리하는 게 좋을까요?

제네시오몬　생각보다 하다보면 놓치는 부분이 굉장히 많은 것 같아요. 그래서 저 같은 경우는 간편 장부를 따로 작성하는 중이에요. 저도 모르게 누락시키는 부분이 있거든요. 예를 들어 사무용품으로 어떤 것을 샀는데 깜빡하고 이것을 안 적어둔 경우가 그런 경우죠. 작지만 쌓이면 큰 구멍이 되기 때문에 평소에 확실하게 장부정리를 해둬야 합니다.

국세청에서 간이 과세자 용도의 간편 장부 양식을 제공하고 있어요. 이것을 일종의 가계부처럼 적고 있어요. 예를 들어 매출이 발생하면 매출 얼마, 그리고 전자세금계산서를 발행해준 경우엔 '세계' 이런 식으로 해서 표시를 해두고, 단가 얼마, 부가세 얼마 이렇게 적어두기도 합니다. 매입 자료의 경우, 영수증을 꼭 챙겨둬야 합니다. 매입에 관련된 자료들은 따로 모아서 적어둡니다. 날짜 별로 쭉 써내려갈 수 있어서 가계부 쓰듯이 쓰면 나중에 1/2분기, 3/4분기 날짜별로 끊어서 신

간편 장부란?

소규모 사업자를 위하여 국세청에서 특별히 고안한 장부로, 수입과 비용을 가계부 작성하듯이 회계지식이 없는 사람이라도 쉽고 간편하게 작성할 수 있습니다.

①일자	②거래내용	③거래처	④수입		⑤비용		⑥고정자산증감		⑦비고
			금액	부가세	금액	부가세	금액	부가세	
1.5	○○판매(외상)	A상사	10,000,000	1,000,000					세계
1.15	○○구입(현금)	C상사			5,000,000	500,000			세계
1.20		E회관							영

간편 장부 예시

간편 장부 작성대상자가 따로 있나요?

당해연도 신규로 사업을 개시한 사업자 또는 직전연도 수입금액이 다음에 해당하는 사업자는 모두 작성대상자가 됩니다. (단, 아래에 규정하는 전문직 사업자를 제외)

간편 장부 대상자 및 대상 업종

– 3억 원 미만 : 농업, 임업, 어업, 광업, 도매업, 소매업, 부동산매매업, 그 밖의 '나' 및 '다'에 해당하지 않는 사업 (3억 원 이상은 복식부기의무자)
– 1억 5천만 원 미만 : 제조업, 숙박 및 음식점업, 전기 · 가스 · 수도사업, 하수 · 폐기물처리 · 원료재생 및 환경복원업, 건설업, 운수업, 출판 · 영상 · 방송통신 및 정보서비스업, 금융 · 보험업 (1억 5천만 원 이상은 복식부기의무자)
– 7천 500만원 미만 : 부동산임대업, 사업서비스업, 교육서비스업, 보건 및 사회복지사업, 예술 · 스포츠 및 여가 관련 서비스업, 협회 및 단체, 수리 및 기타 개인서비스업, 가구 내 고용활동 (7천 500만 원 이상은 복식부기의무자)
– 전문직사업자는 2007. 1. 1. 이후 발생하는 소득분부터 복식부기의무 부여

고할 때 간편하게 신고할 수 있어요.

팁이 있다면 매월 마지막에 그 달의 간편 장부를 전체적으로 정리합니다. 그 달에 빠진 것이 있는지 체크도 하고 미리미리 정리를 해두니까 나중에 누락되는 부분을 줄일 수 있어요.

참새몬　　　　그러면 월간 마감은 어떻게 하고 있나요?

제네시오몬　　　매월 마지막에 간편 장부를 정리할 때 같이 해요. 날짜를 어느 정도 맞춰 한 번에 해야 에너지 소모가 적어요.

젬베몬　　　　간편 장부 파일은 국세청에서 다운받을 수 있다구요?

제네시오몬　　　네, 국세청에서 다운받을 수 있고, 요즘엔 블로그에도 많이 올라와요. 간편 장부 파일은 엑셀 파일도 있고 한글(hwp) 파일도 있는데, 각자에게 편한 버전으로 받아서 사용하면 됩니다. 저는 자동 계산되는 기능이 있는 엑셀이 편해서 엑셀 버전으로 사용하고 있어요.

아빠투툼몬　　　그런데 보통 개인 사업자들은 회사 일로 쓴 비용과 개인적으로 쓴 부분이 잘 구분되지 않는 경우가 많아요. 이것을 공제, 불공제라고 부르는데 그건 어떻게 관리하는 게 좋을까요?

제네시오몬　　　저 같은 경우 사업장 내에서 사용되는 물건들, 예를 들면 스튜디오 교체 비용, 건전지 구입비용 이런 것들을 하나씩 하나씩 작성해둡니다. 사업적으로 지출하는 비용은 사업 쪽으로 기입하고 개별적으로 쓰는 비용은 개별적으로 따로 파일을 만들어 정리하는 게 중요해요.

아빠투툼몬　　　그럼 대형마트에 가서 집에서 쓸 물건과 사무실에서 쓸 물건을 동시에 구매할 경우, 나눠서 두 번 결제를 해야 한다는 거네요.

제네시오몬　　　맞아요. 근데 이것도 나중에 영수증을 보면 헷갈리거든요. 회사 워크숍 같은 일 때문에 다과를 산 건지, 개인적으로 장을 본 건지. 그런 경우를 대비해 저는 카드 두 개를 회사용, 개인용으로 각각 구분해 사용하고 있어요. 그럼 영수증에 찍힌 카드명만 봐도 바로 구분이 되거든요.

아빠투툼몬　　　사업자용 카드라고 별도로 나오는 것이 있나요?

제네시오몬　　　제가 지금 쓰는 것은 H사의 비즈니스 카드예요. 이 카드의 경우 부가가치세도 별도로 분류해주는 기능이 있어요.

아빠투툼몬　　　그래요? 국세청에 카드를 등록해두면 부가세 신고를 할 때 내역이 알아서 뜨는 건가요?

제네시오몬　　　네, 홈텍스에 보면 매입 자료가 분기별로 다 나오더라구요.

아빠투툼몬　　　근데 그냥 개인, 회사 분리하지 않고 막 쓰고는 다 회사일로 썼다고 적당한 명분과 이벤트를 만들면 그만 아닌가요?

제네시오몬　　　매출은 조금 밖에 없는데 매입이 엄청 크면 그 사람은 조사 대상이 될 수도 있어요. 그래서 매입 자료라던지, 증빙해야 할 자료들은 반드시 사업용으로 썼는지 안 썼는지 그리고 그에 타당

한 영수증도 항상 구비해둬야 합니다. 당연히 거짓 신고도 하지 말아야 겠죠.

사실 세금 문제는 평상시에 부지런해야 하는 것 같아요. 이런 부지런과 꼼꼼함이 부담되거나 도저히 자신 없다면 세무서를 이용하면 됩니다. 요즘엔 인터넷 소프트웨어로 세무관리를 해주는 대행업체도 있어요. 그 프로그램을 제공해줘서 가계부 형식으로 적으면 분기별로 계산을 해서 신고까지 바로 이어질 수 있게 해주는 프로그램이에요.

아빠투틈몬　　소프트웨어를 사용한다고 하더라도 내가 직접 입력해야 하는 거 아닌가요?

부가세 신고 방법

1. 국세청 홈택스(https://www.hometax.go.kr) 접속
2. 신고/납부 → 부가가치세 → (일반/간이과세자)정기신고 메뉴 이동
3. 사업자 기본사항 입력 → 사업자등록번호로 조회가능
4. 기본정보(업종, 면세매출여부 등) 입력
5. 간편 신고 진행(간이과세자 단일업종 선택시 가능)
6. 매출 입력(신용카드 매출, 화물운전자복지카드매출, 현금영수증 매출 등)
7. 기타 매출 입력(신용카드, 현금영수증 외)
8. 매입 입력(매출과 동일 항목)
9. 신고 내역서 최종 확인
10. 신고서 제출 → 납부 고지서 출력 → 납부

젬베몬　　　　그렇죠. 하지만 굉장히 편해요. 어차피 세무서를 이용한다고 하더라도 그런 자료는 직접 정리해서 전달해야 하니까요.

제네시오몬　　　사실 가게를 운영하는 분들이나 매출이 적지만 빈도가 높은 경우엔 일일이 체크할 수 없어서 세무서에 맡기는 경우가 많아요. 이것 역시 자신의 업종에 맞게 결정해야 겠죠.

아빠투툼몬　　　이번에는 소득세에 대해 이야기해볼까요?

참새몬　　　　소득세는 그야말로 개인에게 발생한 소득에 대하여 신고를 하고 세금을 내게 되어 있는 건데요. 우리나라에서 정해진 소득의 종류는 이자, 배당, 사업, 근로, 연금, 퇴직, 기타소득, 양도소득이 있어요. 이걸 모두 합한 금액을 신고하는 게 종합소득세 신고예요.

젬베몬　　　　이 금액에 바로 세율을 곱하는 게 아니고 해당 금액 중 세법에 의해 요건을 충족하면 일정 금액을 차감해주는데, 이게 바로 소득공제입니다.

아빠투툼몬　　　궁금한 게, 종합소득세 신고는 세금을 한 번에 내야 하나요? 목돈이 빠져나가는 것이기 때문에 부담이 될 수 있잖아요.

우리나라 소득세 세율

과세 표준	세율	누진공제액
1,200만 원 이하	6%	0
1,200만 원 초과 ~ 4,600만 원	15%	108만 원
4,600만 원 초과 ~ 8,800만 원	24%	522만 원
8,800만 원 초과 ~ 1억 5,000만 원	35%	1,490만 원
1억 5,000만 원 초과	28%	1,940만 원

젬베몬　　세금들이 금액이 많으면 분할 납부가 가능한 것으로 알고 있어요.

제네시오몬　　사업하는 사람들은 종합 소득세 신고를 할 때 한 번에 1년치가 정리되니까 세금에 대한 부담이 좀 많이 느껴지는 것 같아요.

아빠투툼몬　　맞아요. 그래서 부가세 통장과 소득세 통장은 별도로 만드는 게 재정 관리하는 데 도움이 됩니다. 사업자들의 경우 직장인들과 달리 세금을 일괄적으로 모아서 납부해야 하기 때문에 벌어들인 돈에 납부해야할 세금이 포함되어 있다는 것을 잊고 살다가 '세금 폭탄' 맞고 폐업하는 경우도 부지기수거든요.

매달 자신의 사업체 매출의 10%를 부가세 통장에 차곡차곡 모아두면 부가세 납부 기간이 되어서도 목돈 납부의 부담 없이 부가세 납부를 할 수 있어요. 부가세는 매출 부가세에서 매입 부가세를 뺀 금액만큼만 납부하면 되기 때문에 결론적으로 부가세를 납부하고 나면 매입 부가세만큼의 금액이 부가세 통장에 자연스럽게 남게 되죠. 그 돈은 오롯이 사업체 운영한다고 고생한 나와 가족들을 위해 쓴다면 그 또한 의미 있는 일이 아닐까 싶습니다.

소득세의 경우에는 연 소득금액에 따라 요율이 달라져서 딱 맞는 금액을 계산해서 모으는 게 어렵지만 대략적인 예상 소득액을 계산해서 매달 조금씩 별도의 통장에 모아두는 습관을 길러야 할 것 같아요. 소득세 신고 기간은 5월이고, 사업을 계시한 연도에는 소득세를 내지 않아도 됩니다.

젬베몬　　　　맞아요. 세금을 내는 것에 대한 종속 연도가 있어요. 예를 들어 올해 신고한 경우에 대해서는 2016년 5월에 신고하는 것에 종속 연도는 2015년. 작년 것을 올해 5월에 신고하는 거죠. 1, 7월 부가세 신고, 5월은 종합소득세 신고, 면세 사업자의 경우 2월에 사업자 현황 신고를 해야 합니다.

또한 법인 사업자의 경우 부가세 확정 신고 (1월, 7월)에 앞서 분기별로 (4월, 10월)부가세 예정신고를 하여 세금을 납부해야 합니다. 결국 간이사업자는 1년에 한번, 개인사업자는 1년에 두 번, 법인 사업자는 1년에 4번 부가세 신고를 하여야 한다는 것이죠.

사업의 성패, 고객 클레임 대응방법에 달려있다!

미국 작가 앨버트 허버드는 말했습니다. '삶에서 아무 문제도 갖고 있지 않은 사람은 이미 인생이란 경기에서 제외된 사람이다.'

당신의 미간이 찌푸려질 만한 문제가 있다면 안심하십시오. 당신은 지금 인생이란 경기를 뛰고 있는 중이니까요.

아빠투툼몬　　　사업을 하면서 감정적으로 가장 힘들 때가 고객의 클레임을 접할 때가 아닌가 싶어요. 단순 클레임뿐 아니라 악성 댓글이 달리는 것과 같이 감정이 다칠 때가 많은데, 어떤 마인드를 갖고 고객 서비스를 접근해야 할까요?

제네시오몬　　　저 같은 경우는 마술 공연을 하니까 고객 클레임을 접하는 경우가 많아요. 일단 사람마다 눈높이가 다르잖아요. 어떤 사람에게는 제 공연이 좋을 수 있는데, 어떤 사람은 탐탁지 않아하기도 해요. 하지만 모든 사람의 눈높이를 맞출 수 없는지라 공연을 할 때마다 클레임은 항상 있어요. 어떤 마술을 했는데 관객들은 반응이 좋지 않아서 우울하게 돌아오는 날들도 더러 있죠. 그리고 똑같은 작품을 보기 위해 다시 불러놓고서 왜 프로그램 변화가 하나도 없냐는 말을 듣기도 했어요. 공연하는 입장에서는 이런 부분이 가장 힘든 것 같아요.

아빠투툼몬　　　이런 클레임들은 어떻게 대응하나요?

제네시오몬　　　기본적으로 우리 마술사들은 새로운 공연을 만들기 위해 노력합니다. 겹치지 않도록 하는 것을 최우선으로 하고 있어요. 관객의 눈은 다를 수 있지만 최대한 그 눈높이에 맞추기 위해서 어떤 마술이 임팩트가 있을까 고민하고 기승전결 구성 배치도 굉장히 고민을 많이 하고 있어요. 하지만 관객을 100% 만족시킬 수는 없기에 어느 정도는 클레임을 감안하고 마음을 좀 내려놓아야 해요.

아빠투툼몬　　　티켓 환불 요구를 경험한 적도 있나요?

제네시오몬　　　그런 경우까지 간 적은 없었어요. 직업에 대해서 프로페셔널한 마인드가 있는 이상 최악의 상황까지 가는 일은 잘 없을 거라 생각해요.

아빠투툼몬　　　얼마 전에 최현우 마술사의 공연이 취소된 일이 있었잖아요. 그때 대응을 잘 한 사례로 이슈가 됐었죠.

제네시오몬　　　네, 공연 시작 30분 전에 조명에 문제가 생겨서 공연이 지체됐었어요. 공연 시간이 다가오는데 관객들은 입장을 할 수 없었죠. 관객들이 환불을 얘기했을 때, 일반적으로 카운터에 있는 직원들이 대응을 하고 끝나는 경우가 대부분인데, 이번 같은 경우는 최현우 마술사가 실제로 무대 바깥까지 나와서 관객 한 분 한 분께 죄송하다는 인사를 드리고, 사진까지 직접 찍어주어서 화제가 됐어요. 공연 전 스텝까지 다 나와서 관객들에게 사과를 했죠.

아빠투툼몬　　　공연이 취소된 이후에 최현우 마술사와 스텝들의 대응 방법이 정말 훌륭했어요. 스텝들은 관객들의 연락처를 파악해서 추후에 직접 다 연락을 드려서 사후 처리를 했다고 하더라구요. 그래서 관객들이 처음엔 화를 내다가도 화를 풀고 조용히 아무 일 없이 지나갔다고 해요. 오히려 이 사건을 계기로 최현우 마술사에 대한 칭찬으로 인터넷에 화제가 되었어요.

제네시오몬　　맞아요. 마술하는 사람들이 최현우 마술사의 대응 방식을 보고 많이 배워야겠다고 느꼈어요. 이런 좋은 선배가 있다는 사실에 후배 마술사들이 자부심을 느끼기도 했어요.

아빠투툼몬　　마술뿐만 아니라 모든 사람들이 고객을 대할 때 진실한 마음을 갖고 고객을 대하는 게 중요한데, 실제로 그렇게 하기가 쉽지 않은 것 같아요.

작년 가을에 결혼식을 준비하는 분에게 음악 CD를 만들어서 보내드렸어요. 보통 받으면 확인을 하는데, 이 분은 확인을 안 하신 것 같았어요. 근데 결혼식 전날 처음 play를 해보고 그 때서야 문제가 생겼다는 것을 발견한 거예요. 그런데 하필이면 그 날 저는 볼일이 있어서 어머니를 모시고 타 지역에 간 날이었던 거예요. 집으로 돌아오는 금요일 밤 고속도로에서 고객에게 CD가 안 된다고 연락이 왔는데, 당장 내일이 결혼식이고 심지어 지역도 제가 있는 곳이 아니었어요. 새로 만들어서 택배로 보내도 늦는 상황이었죠. 결국은 다음 날 김해 고속버스 터미널에서 고속버스 편으로 CD를 보냈어요. 고객도 직접 터미

널을 가야 하는 불편을 감수했죠. 그래서 포장할 때 상품권과 편지를 같이 넣어서 보냈습니다. 그 때 당시 매출 단가로 따지면 나에겐 손해였지만 고객의 문제는 끝까지 책임을 져야 하니까 손해를 감수할 수 있었어요. 사업을 개시하고 처음 경험한 클레임이었어요.

제네시오몬　　　클레임 상황이 발생하면 당황할 수밖에 없는 것 같아요. 그런데 이것을 어떻게 대처하는가가 굉장히 중요하다고 생각해요.

아빠투툼몬　　　제 경험상 고객도 사람이다 보니 클레임 상황일지라도 사업자 입장을 어느 정도는 이해해주는 편인 것 같아요. 그렇기 때문에 솔직하게 말하고 이해를 구하면서 사과를 하는 것이 가장 좋은 방법인 것 같아요. 클레임 상황에서 대응을 잘하게 되면 오히려 이미지가 더 좋아져 입소문을 통해 고객을 더 많이 유치하게 되는 상황도 오더라구요. 클레임이 들어온다고 해도 자신이 할 수 있는 것에 대해 최선을 다한다면 좋은 방향의 결과를 낳을 수 있습니다.

제네시오몬　　　예전에 마술도구 쇼핑몰을 운영한 적이 있었어요. 쇼핑몰을 운영할 당시에 도구가 배송 중에 파손이 되었어요. 마술 도구는 가격대가 좀 있거든요. 그래서 대응 방식에 대해 고민이 많이 되더라구요. 오너 입장에서는 손해를 보지 않아야 하는데, 어쨌든 배송 중에 발생한 사건이기 때문에 새 제품으로 교환해서 보냈습니다. 그리고 파손된 제품은 보내달라고 요청했죠. 새로운 상품은 당일 배송으로 보냈고, 손 편지도 직접 적어서 보냈어요. 결국 좋게 마무리가 되었죠.

아빠투톰몬　　배송 중 사고였다면 택배 회사 측에 배상을 받을 수 있지 않나요?

제네시오몬　　그 때 당시에 그런 처음이라 미숙해서 그런 것까지 몰랐어요.

아빠투톰몬　　택배에도 여러 가지 상품이 있어요. 그냥 무게를 달아서 보내는 저렴한 택배의 경우는 보상이 안 되는 경우가 많아요. 반면 보험을 들 수 있는 택배 상품도 있어요. 저 같은 경우 직장 다닐 때 택배로 자재를 납품받은 적이 있는데, 한 번은 한 박스에 500만 원 상당의 물품을 배송 받는 경우가 있었어요. 이 택배는 택배비가 12000원이었는데, 보험이 되는 택배라 그랬던 것 같아요. 보험이 되는 택배로 보내면 비율에 따라서는 전액 보상도 받을 수 있습니다. 고가의 물건을 보내야 할 때는 이런 서비스를 이용하는 것도 괜찮아요.

제네시오몬　　저도 고객의 입장에서 배송사고를 경험해봤는데, 해외 직구로 물품을 구매하면 보통 2주~20일 정도에 물건이 집(한국)

으로 도착하잖아요. 그런데 30일이 넘도록 물건이 도착하지 않는 거예요. 그래서 문의를 했더니 배송하는 항공사 측에서는 이 제품이 조회가 안 된다는 답변이 돌아왔어요. 그런데 좋은 게, 외국이더라도 물건이 분실되면 새 것을 보내주더라구요. 요즘 같이 온라인 거래가 많은 때에는 배송사고에 대한 대비를 분명히 해서 사후 대처를 잘 하는 게 중요해요.

아빠투툼몬　　맞아요. 제가 고객으로서 경험한 좋은 사례와 나쁜 사례가 생각이 나는데요. 예전에 피자가게에서 피자를 주문하고 피자를 반쯤 먹다가 주문한 피자가 아니라는 사실을 확인하게 됐어요. 그래서 직원에게 이 사실을 알렸더니, 가게 측에서 원래 주문한 피자를 새로 구워주었고 피자 한 판을 덤으로 얻은 마음으로 기분 좋게 가게를 나올 수 있었어요.

반면, 하루는 자주 가는 김밥 가게에 갔는데 옆 테이블과 주문 메뉴가 바뀌어서 나온 거예요. 그리고 옆 테이블 사람은 이미 젓가락을 대고 먹고 있었구요. 아주머니에게 얘기했더니. 원래라면 새로 만들어서 갖다 줘야 하는데 손님에게 알아서 바꿔먹으라는 식으로 이야기를 한 거예요. 이렇게 되면 당장 음식을 만드는 수고는 덜겠지만, 단골을 영영 잃어버리게 되는 거죠.

젬베몬　　　　고객 클레임 대응이 중요한 이유가 바로 여기에 있는 것 같아요. 재구매와 이어지거든요.

아빠투툼몬　　　맞아요. 제가 쿠* 이라는 업체의 단골이 된 이유가 바로 거기에 있었어요. 한 번은 물건을 주문했는데 배송 관련 문제가 생긴 거예요. 근데 일정 기간 내에 처리가 되지 않고 굉장히 지연이 됐어요. 알고 보니 판매자 측이 처리 지연을 한 것이었죠. 판매자와 그걸 중개해주는 업체는 다르니까 처음에 판매자에게 연락을 시도하다가 안 되서 결국 쿠* 고객센터에 글을 남겼어요. 그러자 쿠*이 판매자에게 연락을 취해 신속하게 처리를 해주고, 저에게는 1만 원 상당의 쿠폰을 선물했어요. 보통 할인 쿠폰은 일정 금액 이상 사용해서 쓸 수 있는 것이 대부분인데, 제가 받은 쿠폰은 아무 조건 없이 쓸 수 있는 쿠폰이었죠. 이 쿠폰을 쓰려면 고객 입장에서는 한 번 더 접속해야 하고, 저렴하게 할인된 금액으로 제품을 구매하면서 그 업체에 대해 기분 좋은 이미지를 갖게 되는 겁니다. 클레임을 건 고객을 쿠폰 하나로 재구매 고객으로 바꾼 사례라고 할 수 있죠.

제네시오몬　　　클레임 상황에서 고객 또한 겪은 불편함을 어떻게 표현하는가에 따라 업체 대응이 달라지는 것 같아요.

아빠투툼몬　　　제가 예전에 다니는 회사는 콜센터를 운영해서 콜센터 동료들이 많았어요. 그들과 술자리를 가지며 얘기를 들으면서 진짜 이상한 고객들이 많다는 것을 알게 됐어요. 보통 기업의 콜센터는 모두 녹취를 하잖아요. 직장을 그만두기 1년 전부터는 기업의 CS를 담당했고, 가끔 너무 심한 클레임이 걸리면 그 녹취를 다시 들어보곤 했어요. 들어보면 고객이 너무하다 싶은 경우가 많아요. 그런데 기업 입장에선 고객이라는 이유 때문에 고객에게 뭐라고 할 수도 없고 전화도 먼저 끊을 수도 없어요. 이런 규율들이 있거든요. 고객의 입장에서도 기업에 민원을 제기할 때 직원을 인간적으로 존중해준다면 좋을 것 같아요. 그러면 고객이 원하는 방향으로 해결될 가능성도 높아진다고 생각해요.

사업을 하다보면 무작정 취소해달라는 경우도 있어요. 저는 서비스업이다 보니 서비스를 제공하기 전에 어떤 서비스를 제공할 것인지에 대해 고객에게 충분히 이야기를 하는데, 무조건 마음에 안 든다고 하는 경우가 있어요. 이미 서비스를 받은 것이기 때문에 환불을 해줄 수 없는 건데 어쩔 수 없이 환불을 해준 경우도 있었어요. 고객 측이 무대포로 나온다고 해서 같이 강력하게 대응하면 이후에 이상한 소문을 내거나 하는 안 좋은 영향이 있을 수 있어서 그냥 환불해주고 말았죠. 이런 경우를 악용하는 경우도 더러 있기 때문에 큰 기업의 경우 기준과 절차를 통해 고객에게 해줄 수 있는 것과 해줄 수 없는 것을 분리해두고 운영하고 있어요. 하지만 우리 같은 힘없는 영세업자의 경우 고객의 요구를 무조건 들어줄 수밖에 없는 경우가 대다수인 것 같아요.

젬베몬　　　　저도 취소해준 경우가 있었어요. 예전 직장에 다닐 때 물건을 패킹해서 고객에게 택배를 보냈는데, 물건은 조명등이었어요. 인터넷으로 보고 구매한 고객이라 실제로 집에서 설치했을 때 본인이 생각했던 그 느낌과 다르다는 이유로 환불을 요청하더라구요.

아빠투툼몬　　　그런 경우는 쇼핑몰을 운영할 때 많이 나오는 경우인 것 같아요. 사실 개인의 집 모니터 사양이나 설정에 따라 색상이 다른 경우가 많은데, 이런 경우는 난감하죠.

젬베몬　　　　환불을 해줄 수는 있는데, 알고 보니 고객 측 과실로 제품을 파손을 했더라구요. 그런데 회사 측은 고객 과실이라고 변상을 요구하기도 애매해졌죠.

아빠투툼몬　　　맞아요. 본인이 실수로 파손하고 내가 하지 않았다고 발뺌하는 경우도 더러 있어요.

제네시오몬　　　마술 도구를 판매하는 곳에서는 이런 경우도 있어요. 마술은 비밀과 관련된 것인데, 도구를 사서 트릭까지 다 봐놓고, 회사 측에는 마음에 안 든다고 환불해달라고 하는 거예요. 그런데 그런 경우는 환불을 해주지 않았어요. 옷에서 태그를 때면 환불을 해주지 않듯이 환불에 대한 기준들을 세워놓고 어떤 부분에서는 단호하게 대처하는 것도 중요할 것 같아요.

아빠투룸몬　　　맞아요. 계속 경험해 나가면서 룰을 만들어 나가는 것 같아요. 저 같은 경우 결제 방식도 처음엔 후불로 하다가 점점 시간이 지나면서 선불 방식으로 변경했어요. 그리고 서비스를 제공하기 전에 필수적으로 설명해야 하는 것들, 고객에게 100% 이해시키고 해야 하는 것들에 대한 매뉴얼을 조금씩 만들어가기 시작했죠. 이런 것이 사업의 경험과 노하우인 것 같아요. 일단 자신만의 가이드라인을 정하는 것이 중요해요. 너무 사업이 쭉쭉 잘돼서 아무 문제없이 진행되는 것도 이상한 거죠. 진행하다 보면 어떤 문제에 봉착해서 그것을 이겨나가는 것도 사업을 진행하는 단계 중 하나입니다.

제네시오몬　　　그렇게 하면서 하나씩 배워가고, 고민하면서 공부가 되는 것 같아요. 반대로 고객응대를 하면서 기분이 좋았던 적은 없나요?

아빠투룸몬　　　저 같은 경우 정말 까다로운 고객들이 많은 업종이에요. 수정 요청사항도 많고. 보통 수정 요청한 고객의 70%는 한 번에 끝납니다. 나머지 20%는 많아야 2~3회. 그런데 나머지 10%미만의 고객은 끊임없이 생각이 바뀌어요. 고객의 요구사항이니 안 들어줄 수도 없고 마음에 들 때까지 끝을 내줘야 하는 게 제 입장이죠. 특히 제 서비스는 고객이 즐겁고 기쁘고 행복한 날을 위해 만드는 것이 많기 때문에 돈 몇 만원 때문에 고객 기분이 상하면 안 된다는 생각 때문에 웬만하면 끝까지 다 해주는 편이에요.

그런데 본격적으로 사업을 개시하기 전, 아르바이트로 웨딩 음원을 만들 시기였어요. 몇 번 수정했는지 기억이 나지 않을 정도로 수정을 많이 한 적이 있었어요. 그 고객은 아주머니였죠. 애도 낳고 늦게 결혼식을 올리는데, 기념으로 음원을 만들고 싶다고 했어요. 그 당시엔 직장을 다니고 있었기 때문에 낮에는 작업이 불가능했고, 밤이나 주말에만 작업이 가능했습니다. 그런데 그 아주머니가 너무 수정 요청을 많이 해서 열 몇 번은 수정한 것 같아요. 그렇게 1주일이 지나 결국 완료했죠. 그 때 의뢰하셨던 아주머니께서 나중에 고맙다고 기프티콘도 보내주셨어요. 그렇게 서비스에 만족하는 고객들을 보면 힘들었던 것도 잊어버리게 되고 뿌듯해요. 가끔 제가 만든 음원으로 예식장에서 공연했던 영상들을 보내주는 경우가 있는데 굉장히 기분이 좋아요.

제네시오몬 저도 고객들에게 사진을 찍어줄 때, 고객들이 결과물을 보고 좋아할 때 일할 맛이 나는 것 같아요.

아빠투툼몬 내 사업을 하면서 일할 때의 뿌듯함은 직장 다닐 때와는 비교할 수가 없는 것 같아요.

다양한 상황에서 맞을 수 있는 고객 클레임. 어떻게 해결하는 게 좋을까?

아래 표를 참고해서 자신이 창업할 업종의 경우 벌어질 수 있는 다양한 클레임 상황을 상정해보고 그에 대한 대응 매뉴얼을 만들어 보세요.

배송사고	배송 중 물품 파손	일반적으로 운송회사에서는 배송 중 물품이 파손된 부분에 대해서는 책임을 피하려고 합니다. 그렇기 때문에 파손 우려가 있는 제품은 가급적 택배 사용을 피해야 합니다. (직거래나 직접 배달을 하는 것이 좋습니다) 이것이 불가능할 경우 배송자에게 물품 파손에 대한 책임 여부를 서류상으로 확실히 하는 것이 좋습니다. 고객 응대에 대한 부분으로는 원칙적으로 파손 물품에 대해서 반품 후 재배송이나 환불절차가 진행되어야 하며 이후 운송사와 물품 배상에 대한 대응을 하는 것이 좋습니다.
	배송 중 물품 분실	분실에 대한 부분도 파손과 마찬가지로 우선 반품이나 환불절차를 먼저 하고 책임 여부에 대한 대응을 하는 것이 좋습니다.
	다른 곳에 배송	다른 곳으로 잘못 배송이 갔을 경우에는 고객에게 신속하게 물품을 보내는 것이 중요합니다. 먼저 고객에게 상품을 다시 발송하고 잘못 배송된 상품을 회수하는 절차를 진행하는 것이 좋습니다.
제품 관련	물품 파손	제품이 불량인 경우 신속히 반품 절차를 진행하는 것이 좋습니다
	물품 하자	
	단순 변심	단순변심에 의한 클레임의 경우 사전에 제품 구매 페이지나 판매원을 통해 단순 변심에 의한 반품은 할 수 없다고 미리 알려주는 것이 중요합니다.
서비스	단순 불만	서비스에 대한 클레임에 대응 하는 방법에는 딱히 정답이 없습니다. 다양한 상황에 따라 재치 있게 대응 하는 것이 중요하겠죠. 공통적인 사항으로는 클레임에 응대하는 태도에 따라서 고객의 마음이 움직이기 때문에 그 결과도 달라진다고 볼 수 있습니다. 그렇기 때문에 클레임에 대응 할 때는 항상 미소를 잃지 않고 고객의 마음을 긍정적인 분위기로 돌리는 것이 중요하다고 할 수 있습니다.
	서비스 내용 불만족	
	서비스 미숙	
기타	악성 댓글, 욕설, 고성	제품이나 서비스가 모든 사람을 만족 시킬 수 없기 때문에 항상 악성 댓글이나 욕설은 없앨 수는 없습니다. 하지만 이러한 것들 중에서도 우리가 개선해야 할 부분들이 반드시 있기 때문에 센스 있게 대응 한다면 오히려 전화위복이 될 수 있습니다.
	빈번한 클레임(습관적 클레임)	습관적이고 악성인 클레임에 대해서는 회사 내에서 적절한 대응 매뉴얼이 필요합니다. 또한 일반 직원 선에서는 해결이 불가능 한 경우가 많으니 담당 책임자가 직접 방문 또는 대응을 하는 것이 좋습니다.

제네시오몬　　　저는 사람들이 공연 사진을 찍었는지 종종 SNS에 검색을 해봐요. 그러다 좋은 이야기를 발견하면 기분이 굉장히 좋아지죠. 제가 만든 상품이나 공연, 이런 것들이 후기로 올라왔다는 그 자체만으로 기분이 좋기도 해요.

젬베몬　　　어떤 고객이 내가 운영하는 연습실을 찍어서 카카오톡 프로필로 해놓은 걸 봤어요. 그런 것을 보면 마음이 굉장히 뿌듯해요.

제네시오몬　　　고객 응대를 어떻게 하는가에 따라서 고객을 통한 바이럴 마케팅까지 이어지기도 하는 것 같아요.

아빠투툼몬　　　맞아요. 사업하시는 분들은 민원이라고 해서 너무 인상 쓰지 마시고 웃으면서 그 조차도 즐길 수 있는 대인배 마인드를 가질 필요가 있다고 봅니다. 사실 이런 것들은 우리가 1인 기업을 운영하기 때문에 느낄 수 있는 부분인 것 같아요. 사장이 직접 민원을 받기 때문에, 고객이 어떻게 움직이는지 시장이 어떻게 돌아가는지가 피부에 직접 와 닿거든요. 어떻게 보면 이것도 창업의 장점이 될 수 있을 것 같아요.

누구에게나 공평하게 주어지는 시간, 효율적으로 사용하기

'승자는 시간을 관리하며 살고, 패자는 시간에 끌려 산다.'
– J. 하비스

당신은 시간의 주인입니까? 자신의 시간도 관리하지 못하면서 하나의 사업체를 운영해나간다는 것은 어불성설이 아닐까요?

아빠투툼몬　　　회사를 다닐 때는 출퇴근 시간이 정해져 있고, 업무 기한이 다 정해져 있어서 오히려 시간에 대한 고민이 많이 없었던 것 같은데 창업을 하고 1인 기업으로 사업을 해나가다 보면 시간을 자유롭게 쓰기 때문에 자칫 게을러지기 쉬운 것 같아요. 다른 분들은 시간을 효율적으로 잘 사용하고 있는지요?

젬베몬　　　저 같은 경우, 창업하기 전에는 주로 저녁 시간에 업무를 처리했어요. 그래서 처음 창업 후에는 저녁부터 새벽까지 깨어 일하다가 오전에 잠드는 저녁형 인간으로 살았어요. 작업실에서 작업이 끝나면 보통 새벽 3~4시쯤 잠자리에 들었는데, 그러면 일어나는 시간은 12시에서 1시 사이였어요. 그리고 오후 5시엔 연습실 문을 여는데, 출근을 위한 이동 시간 1시간을 빼면 3~4시간 정도가 남더라구요. 이런 생활이 반복되다보니 아침에 자는 시간이 아깝게 느껴지더라구요. 그래서 오후에 할 수 있는 일을 찾았어요. 다른 사람의 공연에 스텝으로 가는 건데, 다행히 연습실 근처에서 하는 일이라 연습실 오픈 전까지 오후 시간을 활용할 수 있게 되었습니다.

그러니 잠드는 시간도 당길 수 있었어요. 원래 연습실을 5시에 오픈하면 손님들은 대부분 밤 11시엔 집으로 돌아가요. 그 이후에 어영부영 시간을 보내다가 새벽이 되어서야 잠자리에 들었거든요. 부업처럼 짧게 할 수 있는 일을 잡아놓으니 컨디션 조절을 위해 저절로 잠드는 시간도 당겨졌어요.

아빠투툼몬　　　사업을 하면 시간이 너무 자유롭기 때문에 자기 자신과의 싸움이 필요해요. 새벽 늦게 늦잠을 자면 늦게 일어나게 되고, 이게 반복되면서 악순환으로 자리 잡아 버리면 오전시간을 버리게 돼요. 사실 그 시간이 사람들이 깨어서 활동하는 시간이라 관련 업체와의 커뮤니케이션이나 홍보 활동 및 고객 응대를 그런 시간에 하는 게 훨씬 좋은데 말이죠.

젬베몬　　　동감해요. 창업 초창기엔 의욕이 굉장히 넘치니까 게으르게 생활하지 않았어요. 하지만 점점 자는 시간이 미뤄지고, 일어나는 시간이 늦어지다 보니 자연스럽게 패턴이 바뀌는 것 같아요.

아빠투툼몬　　　저도 초반에는 매일 운동도 하고, 등산도 하고 부지런하게 살다가 점점 백수가 체질화되면서 나태해졌어요. 그런데 작업실을 구하고 매일 집 밖으로 나가기 시작하면서 달라지기 시작했어요. 일이 있든 없든 바깥에 나가면 뭐라도 하기 때문에 가능하다면 사무실이 따로 있는 게 좋은 것 같아요.

저는 보통 아침 10시에 작업실에 도착해요. 그때부터 업무를 시작해서 퇴근하고 집에 도착하는 시간은 보통 저녁 7시 정도구요. 금요일엔 급한 업무만 처리하고 조금 일찍 퇴근합니다. 일어나서 바깥에 나가서 뭔가를 해야 한다고 생각하고 생활하니까 좀 더 규칙적으로 생활하게 되었어요.

사무실 없이 집에서 지낼 때는 잠깐 누워 있다가 일할 수도 있었어요. 그러다 보니 특별한 일이 없으면 누워서 TV 좀 보다가 일이 있으면 계속 미루기를 반복하게 되더라구요. 사무실이 생기고도 처음에는 노트북을 들고 다니면서 사무실과 집에서 같이 작업을 했는데, 지금은 그것도 분리해서 집에서는 웬만하면 일에 손을 대지 않으려고 해요. 그래야 좀 규칙적인 생활과 효율적인 시간관리가 가능해지는 것 같아요.

제네시오몬　　제 첫 직장은 각자 개별 숙소에서 생활하면서 공연이 있을 때만 나가는 식이었어요. 그러다보니 일이 있으면 시간을 알차게 보낼 수 있었지만, 일이 없을 때는 집에 누워서 게임을 한다거나 시간을 허황되게 보냈죠. 그 친구 또한 저와 비슷한 고민을 했다고 하더라구요. 그 친구는 일과 생활의 분리가 되지 않다보니 사무실을 따로 내야겠다는 생각을 했다고 해요. 그래서 저도 회사를 오픈하면서 집에 있는 컴퓨터 등 일과 관련된 물품들은 모두 사무실로 갖고 와서 일과 생활을 아예 분리해버렸어요. 일이 많은 날은 차라리 늦게까지 회사에 남아서 일을 처리하고, 집에 돌아와서는 무조건 쉬었어요. 이렇게 하니까 오히려 시간 안배가 잘 되더라구요.

아빠투툼몬　　많아요. 괜히 돈 들여서 사무실 얻는 게 아니구나 하는 생각이 들더라구요. 업무 집중도를 높이는 데도 그 편이 나아요.

제대로 일하고 제대로 쉬는 노하우

빌 게이츠는 1년에 두 차례 외부와의 접촉을 완전히 끊고 미래를 설계하는 '생각 주간'을 갖는 것으로 유명합니다. 이처럼 일을 할 때는 제대로 일만 하고, 휴식이나 재충전을 할 때는 제대로 쉬어야 일의 능률도 오르고 효과적인 시간 관리가 가능해집니다.

1. 일터와 휴식 공간을 구분하자.

사무실이나 작업실을 얻는 것이 가장 좋지만 경제적인 사정이 되지 않는 경우에는, 방 한 개를 사무실로 설정해 환경 조성을 한 다음 정확히 공간을 분리해 사용하려고 노력하는 게 도움이 될 수 있습니다.

2. 일은 일터에서만.

일이 끝나지 않았다고 해서 집으로 일을 가져오지 말고 그런 경우에는 야근을 하더라도 사무실에서(또는 일터로 지정된 공간에서) 일을 해결하고 와야 합니다.

3. 출퇴근 시간을 정하자.

창업자로서 시간을 유연하게 사용할 수 있긴 하지만, 스스로 출퇴근 시간을 정해서 그것을 지키는 선에서 특별한 이벤트가 있을 때 시간을 조정하는 게 현명한 방법입니다. 대신, 출퇴근 시간은 자신의 생활 패턴에 맞게 설정할 수 있다는 장점이 있습니다.

4. 주말에는 일을 하지 않는다.

개인 사업자의 경우 평일과 주말 경계 없이 일을 하는데, 주말을 분리해서 미래를 계획하고 생각할 수 있는 시간으로 휴식을 취하거나 취미활동을 할 수 있는 시간으로 사용하는 것이 좋습니다. 그래야 만성 피로에서 벗어날 수 있습니다.

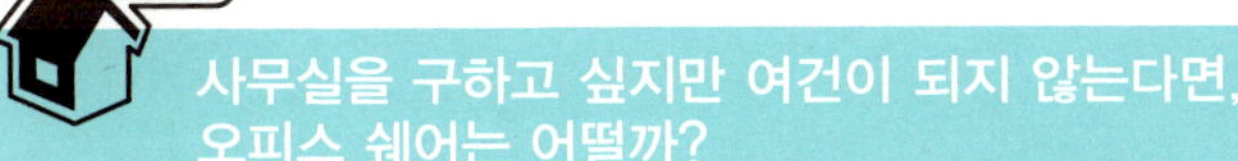

1. 창조경제혁신센터, 콘텐츠코리아랩, 테크노파크, 1인창조기업비지니스센터 등 창업과 관련된 업무를 진행하는 국가기관이나 지자체에서는 해당 사옥 내 소호 사무실을 무상 또는 저가로 임대 제공
2. 수도권쪽에는 사설 소호 사무실 임대 업체들을 쉽게 찾을 수 있음(검색창에 오 피스 쉐어 검색)

제네시오맘　　　또 다른 이유가 있습니다. 휴식시간 만큼은 가족과 함께하는 시간, 오롯이 휴식을 통해 재충전하는 시간을 가지는 게 필요하다고 생각해요.

아빠투룸맘　　　우리가 부정적인 이야기만 하긴 했지만, 창업을 하면 내 시간을 내 마음대로 쓸 수 있다는 게 큰 장점이기도 해요. 직장을 다닐 때는 시간을 내서 운동하기가 쉽지 않았는데, 사업을 시작하고 워크 타임을 꾸리기 시작하니까 나에게 투자할 시간을 만들어야겠다는 생각이 들더라구요. 그래서 오전 시간에 수영 같은 운동을 하고, 조금 늦게까지 일하거나 오후에 외부 강의를 들을 일이 생기면 일정을 조정해 처리하는 등 유연하게 사용하고 있어요.

제네시오맘　　　동감해요. 직장에 다닐 때는 퇴근 후나 출근 전에 헬스장에 가야 했는데, 그 시간대에는 늘 북적거리잖아요. 근데 창업을 하고 나서부터는 시간 안배를 유연하게 해서 오전에 헬스장에 갑니다. 그 시간에는 사람도 별로 없고 운동의 질이 훨씬 좋아졌어요. 사업을 운영하면서 한편으로는 자기계발이 필요하지 않나요? 그런 시간들은 어떻게 안배하시나요?

아빠투툼몬　　　사업을 하면서 자기계발을 하는 것이 쉽지 않아요. 강제로 지시를 받아서 하는 것이 아니기 때문에, 스스로 자기계발을 하는 게 오히려 잘 안되기도 해요. 혹시 학원 다니는 분 있으신가요? 저는 필요한 것이 있으면 그때그때 하는 편이에요. 궁금한 게 있으면 인터넷이나 책을 찾아보다가 하루가 그냥 날아가는 경우도 있어요. 정기적으로 자기계발을 하기 위해서 따로 시간을 투자하고 있지는 못하고 있어요.

제네시오몬　　　맞아요. 사실 그래서 책장에 책만 쌓여가는 것 같아요.

참새몬　　　일을 하면 저절로 자기계발이 되는 부분도 있지 않나요?

제네시오몬　　　연계가 되는 부분들도 있어요. 특정 역량이 있어야 할 수 있는 일들도 있으니까 말이죠. 저 같은 경우 사진 관련 일을 같이 하고 있을 때, 지금은 사진 편집을 하는 것이 업무상에 문제가 없지만 그때는 조금 더 나은 상품을 만들기 위해서 자기계발이 필요하다는 것을 절실히 느꼈어요.

아빠투툼몬 또 일을 하다보면 고객들의 니즈를 충족시켜주기 위해서 계발이 필요한 것들도 있어요. 기술이 계속 발전하면서, 좀 더 나은 서비스를 요구하는 고객이 생길 수 있어요. 그런 고객들을 앞으로 안 받을 건지, 수용할 것인지 판단해서 만약에 수용할 것이면 그 고객들의 니즈를 충족시키기 위한 역량과 서비스를 제공하기 위해서 자기계발을 해야 합니다. 사실 그래서 자기계발은 항상 그때그때 해야 한다고 생각해요.

젬베몬 시간 조절이 자유롭게 가능하지만 업종에 따라 자기계발에 시간을 투자할 수 없는 사람도 많이 있어요. 가게에 상주해 있어야 하는 경우가 그렇죠. 그렇다 해도 잠시나마 짬을 내서 자기계발을 해야 한다고 생각해요. 그때그때 하는 자기계발도 필요하지만, 정기적으로 시간을 정해놓는 것 자체가 실천으로 이어지니까요. 정해진 시간이 있으니 그 시간에는 뭐라도 하게 되잖아요.

아빠투툼몬 회사 다닐 때는 교육 받는 것도 유급(근무시간에)으로 받았어요. 제가 다녔던 회사는 봉사활동도 유급 봉사활동이었죠.

그런데 막상 회사를 나오고 내 사업을 하면서 소득을 얻기 위해서는 투자해야 하는 시간들이 필요했어요. 운동선수가 억대 연봉을 받기 위해 굉장히 많은 연습시간이 필요하듯이, 창업자에게도 자신에게 투자하는 시간이 필요해요. 그런데 직장에서 막 나온 사람들은 그 시간에 대해서 이해를 잘 못하는 경우가 많아요. 뭔가 일을 하면 항상 처음부터 소득이 꼭 나오는 일만 해야 한다고 생각해서 초조해하고 큰 압박을 느끼죠. 이런 부분에 대해 감안을 해야 해요.

제네시오몬   맞아요. 그리고 개인 사업을 운영하면 내 쉬는 시간까지 반납해야 하는 경우가 생겨요. 내 사업을 하면서 가장 힘든 것 중 하나라고 생각해요.

아빠투툼몬   창업하고 나서 밤새서 일해보신 분 있나요?

제네시오몬   일하느라 밤을 꼴딱 새본 적이 있어요. 사진 촬영 후 짧은 기간 내에 사진을 편집해서 보내드려야 했거든요. 촬영도 오전 9시부터 저녁 7시까지 논스톱으로 쉬는 시간 없이 했었어요. 그리고 나서 최대한 빠른 시간 안에 사진을 보내줬어야 했는데, 그날 촬영하신 분들이 많다보니 사진 촬영에 비해 편집하는 일이 더 많았었고, 제 시간에 맞추려고 하다 보니 밤을 새우게 되었죠. 심지어 쉬는 날에.

아빠투툼몬　　　납기일을 맞추기 위해서 어쩔 수 없는 경우죠. 하지만 내 사업이기 때문에 직장에서 하는 야근과는 느낌이 다르지 않던가요?

제네시오몬　　　맞아요. 몸이 힘들긴 했지만, 내 일이고 내가 하고 싶은 일이니까 하면서 성취감이 느껴졌습니다. 그래서 밤을 새더라도 재미있게 일할 수 있었어요.

아빠투툼몬　　　저도 가끔 새벽까지 일을 할 때가 있어요. 급하게 웨딩 BGM을 요청하는 분들도 간혹 있거든요. 한 번은 제가 서울로 올라가는 길이었는데, 갑자기 고객이 요청해서 KTX 안에서 급하게 작업해 고객에게 보내드린 적도 있었어요. 만약에 이게 회사 일이었으면 동료에게 부탁하거나, 고객과 조율해서 일정을 미뤘을 텐데 내 고객이라는 생각에 어떻게든 일을 처리했죠. 힘들긴 했지만 즐거움과 뿌듯함을 느낄 수 있었어요.

젬베몬　　　저는 밤을 새본 적은 없어요. 연습실에 직장인들이 많이 오기 때문에 평일 저녁에 보통 고객이 많은 편이에요. 주말에도 잘 안 오구요. 근데 한 번은 한 고객이 음악에 대한 열정이 넘쳐서 일요일에도 연습실 문을 열어달라고 요청하는 거예요. 그래서 이 고객이 일요일에 1~2시간 연습하는 것을 위해서 먼 길을 오가며 연습실을 열어야 했죠.

나는 어떤 자기계발이 필요한가?

다음 체크리스트를 보고 자기계발이 필요한 부분에 체크하고 우선순위를 매겨보세요. 그리고 어떻게 구체적으로 자기계발을 해나갈지 계획도 한 번 세워보세요.

체크	분야	우선순위	실천 계획
	사업 분야 전문성		
	사업 운영 노하우		
	온/오프라인 마케팅		
	고객 서비스		
	소셜미디어 사용		
	컴퓨터 활용 능력		
	위기 대처 능력		
	기타		

아빠투툼몬   1인 기업을 운영하시는 분들은 시공간의 제약 없이 업무를 할 수 있는 분들이 많아요. 이럴 때 매체나 장비를 잘 활용하면 시간을 좀 더 효율적으로 쓸 수 있어요. 저 같은 경우는 에버노트를 잘 사용해요. 에버노트를 스마트폰에도 설치하고, 태블릿에도 설치하고, 노트북에도 설치하면 클라우드로 메모, 사진 등이 바로 연동이 됩니다. 그래서 스마트폰에서 글 썼던 것들을 PC에서 다시 열어서 편집할 수 있게 되니 굉장히 좋았어요.

저는 자투리 시간을 이용해서 글을 쓰는 편인데요. 다른 지역으로 이동하는 기차 안에서 태블릿 PC 안의 에버노트를 열어서 기사나 연재 글들을 써뒀다가 다시 집에 돌아와서는 글 쓰는 시간 필요 없이 써둔 것을 매체에 붙여넣기를 해서 발행시킬 수 있었어요. 이런 식으로 효율적으로 시간을 쓰면 좋아요. 혹시 개인적으로 저처럼 자주 활용하는 프로그램이 있나요?

제네시오몬　　　저는 맥을 사용해요. 맥 프로그램끼리는 자동으로 연동이 됩니다. 그래서 핸드폰, 노트북, PC가 모두 연결되어 있어서 편리해요.

아빠투툼몬　　　에버노트와 아이클라우드는 동기화로 파일 전송 문제를 해결해줘요. 그리고 고용량을 사용하려면 유료 결제를 해야 해요. 에버노트는 기능이 다양합니다. 에버노트로 책을 쓰는 사람도 있을 정도예요.

제네시오몬　　　사무실에서 컴퓨터를 급하게 사용해야 할 때가 있어요. 그때는 컴퓨터를 켜는 시간조차도 아까울 때가 있어요. 그래서 저는 공유기 자체에서 컴퓨터를 깨우는 기능이 있어요. WOL이라는 기능이 있는데, 그것은 iptime 등 모든 공유기에 다 있어요. 공유기와 PC가 랜선으로 연결되어 있으면 PC가 자동으로 켜져요. 그래서 이것을 즐겨찾기 등록을 해두고 켜기를 누르면 제가 사무실에 가는 동안에 PC가 켜집니다. 그래서 사무실에 가자마자 작업을 할 수 있어서 좋아요.

젬베몬　　　　제가 가장 많이 사용하는 것은 카톡으로 파일 보내기 기능이에요. 사진을 찍어서 '나와의 채팅'에 파일을 전송하면 PC에서 그 파일을 내려 받을 수 있어요. 이렇게 하니까 시간이 굉장히 단축되고 좋았어요.

아빠투툼몬　　　　카카오톡이 예전에는 PC버전이 없었을 때는 페이스북에 비공개로 사진을 올렸다가 다시 다운받기도 했었어요.

젬베몬　　　　저는 그전에 네이버 클라우드를 많이 사용했었어요.

제네시오몬　　　　개인사업자들에게는 시간 효율성이 굉장히 중요해요. 저는 맥과 윈도우 컴퓨터를 총 2대 사용하고 있는데, 사실 윈도우와 맥 간의 파일 호환이 잘 되지 않아요. 그런 부분을 해결하기 위해서 홈네트워크를 구축해서 바로 윈도우에서 맥으로 옮길 수 있게끔 하면 굳이 한 컴퓨터 안에서 파일을 넣고 빼는 번거로움은 덜 수 있을 텐데, 아쉬워요.

창업몬이 1인 기업에게 추천하는 필수템

가. 에버노트

1) 에버노트를 이용해 작성한 글, 사진, 음성녹음 등의 콘텐츠는 클라우드 서버를 이용해 모바일, 태블릿, PC 등 여러 기기에서 동시에 작성하고 편집할 수 있음

2) 에버노트 콘텐츠에 Tag 기능을 활용하여 관련도 높은 콘텐츠를 검색하여 찾아볼 수 있으며 티스토리 블로그와 연동하여 에버노트의 글을 바로 발행할 수 있음

나. 구글 캘린더

구글에서 제공하는 스케줄러로 클라우드 서버를 이용해 모바일, 태블릿, PC 등 여러 기기에서 스케줄을 등록, 확인할 수 있음

다. 팀 뷰어

사무실에 있는 PC에 설치해두고 모바일이나 다른 위치의 PC로 사무실의 PC를 원격으로 제어할 수 있음

라. 구글 알리미

구글 알리미 기능을 활용하여 내가 관심 있는 키워드를 등록해 놓으면 매일 오후 1시에 구글 검색에 새로 등록된 정보가 메일로 배달됨

개미 사업가와 배짱이 사업가

어느 한 시점에서의 자기 모습을 남과 비교하지 마라. 삶은 생각보다 길고 역동적이다.

– 이시형, 《여성 20대, 나를 바꾼다》 中

내 사업을 하는 만큼 또 역동적인 삶이 있을까요? 사업가라면 길게 내다볼 줄 아는 눈과 현재에 안주하지 않는 태도가 필요합니다.

아빠투툼몬　　　보통 사업에는 성수기, 비수기가 있죠. 저는 한 두어 달 일이 없다가 한 건씩 일이 들어오면서 시즌이 돌아오고 있음을 느끼곤 해요. 제 주 고객층은 예비 신랑신부가 많은데, 매출 그래프를 놓고 보니 요즘에는 겨울에도 결혼을 많이 한다는 것을 알았어요. 12월 중순에서 크리스마스 전까지 결혼식이 좀 있다가 크리스마스부터 하락, 신정 연휴, 구정 연휴 춥게 보내다가 그 후부터 간간히 일이 있더니 3월부터 의뢰가 조금씩 들어오기 시작하는 식이에요. 4월부터는 본격적으로 시즌 시작이죠. 저처럼 계절과 밀접하게 관계된 사업들이 있나요?

제네시오몬　　　저 같은 경우는 3월부터는 강의를 나가요. 그래서 1~2월에는 신학기를 위해 학교에 서류를 보내고 면접을 보는 등 1년 농사의 씨를 뿌리는 시기로 보내요. 그리고 3월 새학기가 시작되면 정신이 없어집니다. 계약은 1년 정도 지속되는데, 학교에서 자체적으로 하는 평가가 좋을 경우에는 계약이 1년 더 연장되기도 해요. 그리고 공연 분야도 봄부터 발동이 걸리기 시작해요. 3월부터 시작해서 가정의 달인 5월에는 어린이날이 있기 때문에 어린이 공연도 많아집니다.

젬베몬　　　저도 비슷해요. 1~2월에 멤버 모집을 하고, 3~4월에 연습을 하다가 4~5월 정도 날씨가 따뜻해지면 공연을 하러 나가요. 그때는 저녁에도 따뜻해서 공연하기가 좋죠. 버스킹을 전문적으로 하시는 분은 보통 3월 중순부터 많이 나가요. 캠핑 시즌과 비슷하다고 보면 될 것 같아요. 그래서 버스킹은 여름이 가장 많아요. 여름에는 7팀이 한 줄로 쫙 공연을 해요. 그렇기 때문에 본격적인 버스킹 시즌 전 2~3달이 저에게는 성수기라고 할 수 있어요.

참새몬 제가 하고 있는 사업은 딱히 시즌, 비시즌이 구분되는 사업이 아니에요. 독서나 힐링 모임 또는 마켓을 운영하기 때문에 기본적인 시즌 영향은 받겠지만(휴가철이나 연휴) 그렇게 큰 영향을 차지하지는 않아요. 자신의 업종에 따라 1년 내내 꾸준히 점포에 나가 일하거나 시즌에 관계없이 일하는 분들도 많이 있는 것 같아요.

아빠투툼몬 시즌이 있는 사업을 운영하면 생활이 안정적이지 못한 것 같아요. 매출이 들쑥날쑥이라 많이 벌 때는 기분 좋아서 돈을 막 쓰게 되는데, 그러면 패가망신하기 딱 좋다는 생각이 들더라구요. 자영업자는 비시즌에는 수입이 하나도 없을 수도 있겠다는 생각이 들었어요. 그래서 성수기에 많이 벌었다고 함부로 쓰는 게 아니라 1년 전체를 보는 눈을 길러 잘 관리해야 해요.

제네시오몬 공연의 경우 1~2월은 거의 방학이라고 봐도 무방해요. 야외에서 하는 행사도 많이 없어요. 3월부터 열 달 동안 번 돈으로 겨울에 버티는 것 같아요.

아빠투툼몬　　성수기와 비수기의 수입이 극과 극이라 자영업자들은 적금 넣기도 힘든 것 같아요.

제네시오몬　　그래서 고정 수익의 구조를 만드는 게 중요하다고 생각해요.

젬베몬　　맞아요. 비시즌 동안에 할 수 있을만한 일을 또 찾거나, 비시즌을 지나는 데 어려움이 없도록 시즌 동안의 수익을 극대화하는 투자나 자기계발이 필요해요.

아빠투툼몬　　저 같은 경우는 아직 그런 부분이 제대로 되지 않고 있어요. 그래서 애로사항이 좀 있어요. 일이 없을 때는 너무 없고, 일이 많을 때는 감당이 되지 않을 정도로 많기도 해요. 일을 감당하기 어려운 경우에는 어쩔 수 없이 매출을 더 못 올리는 경우도 생겨요. 많이 벌 수 있을 때 많이 벌어서 비축을 해야 비수기 때 쓸 수 있는데 일이 한꺼번에 들어올 때는 인력의 한계가 있어요. 제가 한창 바쁠 때, 상담이 몰려버리면 직원 하나 있으면 좋겠다는 생각을 하곤 해요. 비시즌과 시즌을 적절히 운영할 수 있는 노하우들이 있을까요?

젬베몬　　저는 비시즌에 할 수 있는 일을 이것저것 벌려놓아요. 그 중 하나라도 터진다면 비시즌에 쉬는 일 없이 비시즌에 할 수 있는 일이 하나 느니까요. 예를 들어 단순히 부업을 하는 것부터 평소에는 여유가 없어서 하지 못했던 새로운 사업 개발(ex. 공모전이나 지원 사업, 혹은 신사업 개발)에 힘을 쓰죠. 요즘에는 기존에 하던 것 외에도 제네시오몬에게 교육을 받아 영상 촬영과 편집 기법에 대해서도 공부를 하고 있어요.

아빠투툼몬 저는 통장을 분리해서 월급 시스템으로 운영하고 있어요. 일정 금액을 매월 저에게 월급으로 줍니다. 돈이 있다고 다 써버리고 다음 달에 소득이 없으면 난감할 것 같아서 많이 버는 달에도 정해진 액수만 월급 통장으로 옮겨서 한 달 생활을 합니다. 회사 다닐 때만큼은 가져가긴 힘지만 그렇게 하니 수입 안배가 잘 되는 것 같아요.

젬베몬 저도 그 시스템을 해보고 싶네요. 혼자 회사를 운영하다 보니 재정계획에 부족함을 많이 느껴요. 그렇게 일종의 월급 시스템을 만들면 평소 계획에 대해 생각을 하지 않아도 자연스럽게 흘러갈 수 있으니까 괜찮은 것 같아요.

아빠투툼몬 이 시스템의 장점은 급여 생활자처럼 매월 주기적인 생활이나 지출계획이 가능하다는 거예요. 적금을 넣어도 월급 안에서 해결할 수 있고, 카드 결제 대금도 마찬가지구요. 자금도 회사와 생활을 분리하다보니 월급 통장으로 무조건 한 달을 살아야 한다는 생각에 돈을 펑펑 쓰지 않게 돼요.

연초에 연매출 등 자료를 엑셀로 만들어 월급은 얼마나 책정해야 할지 계획을 세웠어요. 매월 1일에는 정산을 하는데 정산할 때 회사 통장을 인터넷에서 엑셀 파일로 다운받아서 기존에 만든 엑셀 파일에 붙여놓고 피벗 새로고침을 하면 자동으로 계산이 되게끔 만들어 놨어요. 그래서 마감을 할 때 걸리는 시간을 좀 절약할 수 있었죠. 이 시스템의 또 다른 장점은 연말에 마감을 해서 남은 돈은 일명 '저수지 통장'(비상금 통장)에 옮겨두는 식으로 비상시에 사용할 수 있는 자금을 저축할 수 있다는 겁니다. 회사를 운영해보니 이제 자금 운용에 대한 감이 생기기 시작했어요.

제네시오몬　　　　저도 통장을 따로 운영해요. 공연 회사, 교육 회사, 개인통장 이렇게 3개를 운영하는데, 저 또한 월급 시스템으로 운영하고 있어요. 이 시스템을 적용하니 제가 쓸 수 있는 돈과 써서는 안 될 돈이 확실히 구분되어서 좋아요.

아빠투둠몬　　　　특히 자영업자들은 이런 시스템이 꼭 필요하다고 생각해요. 돈을 매월 많이 벌면 좋겠지만, 사업이란 게 그렇지 않거든요. 사업을 시작하면서 대출을 받았다면 그에 대해 나가는 비용이나 임대료 등 회사 고정 지출도 있을 텐데, 그것과 본인 생활비가 분리되지 않으면 자금 운영에 어려움을 겪게 됩니다. 효율적인 자금 운용을 위해서는 일단 사업의 시즌과 비시즌이 언제인지 파악하는 것이 중요하고, 1년을 놓고 봤을 때 정해진 지출을 정리해서 사업비와 생활비를 분리 운영하는 계획을 세워야 합니다. 사실 처음 창업했을 때는 감이 잘 잡히지 않아요. 1년 정도 일을 해보고 돌아보면 어느 정도 감이 잡히죠. 그래서 기록이 참 중요한 것 같아요.

제네시오몬　　　맞아요. 월별 수익과 지출을 꼼꼼하게 기록하는 게 중요해요.

아빠투툼몬　　　사업을 위한 재정 운영 계획도 중요하지만, 생활비를 위한 계획도 중요해요. 생활비 가계부도 꼼꼼히 작성해서 한 달 생활하는 데 필요한 최소금액을 알아두어야 해요. 회사를 그만두고 사업을 해야 하는데 퇴직금이 1000만 원 정도 있다고 생각해보세요. 자신이 필요한 한 달 생활비가 최소 100만 원이라면 10개월의 시간을 벌 수 있는 셈이 되거든요. 돈=(내가 사업을 준비할 수 있는)시간이라고 생각하면 돼요. 그렇기 때문에 평소 신용카드를 쓰지 않고 체크카드를 써서 지출을 앞쪽으로 돌려놔야 시간을 조금 더 벌고 사업을 준비하는 시간을 좀 더 벌 수 있어요.

젬베몬　　　저도 신용카드를 줄이고 체크카드를 사용하려고 기존에 쓰던 신용카드 비용을 선결제 했어요.

업종별 성수기는 언제일까?

음식업					
순위	주점	고기요리	닭/오리요리	별식/퓨전요리	분식	양식
1위	12월	12월	7월	12월	8월	12월
2위	7월	5월	8월	1월	5월	5월
3위	8월	8월	5월	10월	7월	8월
순위	일식/수산물	제과/제빵	중식	커피/음료	패스트푸드	한식
1위	12월	12월	12월	5월	12월	12월
2위	10월	5월	8월	8월	11월	8월
3위	1월	3월	7월	7월	5월	5월

서비스업			
순위	미용서비스	수의업	일반병원	특화병원
1위	7월	8월	10월	1월
2위	5월	7월	12월	12월
3위	8월	10월	1월	8월

소매업			
순위	의복/의류	의약/의료품	종합소매점	화장품소매
1위	5월	12월	8월	5월
2위	11월	6월	9월	12월
3위	12월	10월	7월	4월

업종별 매출 상위 1~3위 시기, 출처 : 나이스비즈맵 상권분석서비스

창업 시기도 비수기, 성수기에 따라 다르다?

전문가들은 창업을 시작하는 시기를 해당 사업이 성수기에 접어들기 '3개월' 전으로 정하는 것이 가장 현명하다고 조언합니다. 그리고 최소 창업 전 '6개월' 이상을 준비기간으로 삼아야 합니다.

제네시오몬 저도 사업 전 카드 관련하여 깔끔하게 정리했었어요.

아빠투툼몬 자금을 잘 관리하는 습관을 들이면 사업을 할 때 리스크가 줄어듭니다. 그리고 세금 관련 통장도 미리 만들어두면 세금 폭탄이 오더라도 지혜롭게 대응할 수 있어요. 1년에 한 번 몰아서 세금을 내기 때문에 준비해두지 않으면 그 역시 부담이 될 수 있거든요.

예로부터 선조들은
농사일이 바쁠 때 '품앗이'를 했었다

아프리카 속담 중에 '빨리 가려면 혼자 가고, 멀리 가려면 함께 가라'는 말이 있습니다. 당장의 이익이나 닥친 환경에 급급하지 말고 주변을 둘러보고 손 내밀고 손 잡아주는 태도는 사업을 오래 성공적으로 지속하는 데 큰 도움이 됩니다.

제네시오몬　　　창업을 하면 보통 처음에는 혼자 일을 하게 되는데, 그러다 보면 혼자와의 싸움에 직면하게 되는 것 같아요. 시간 관리부터 사업에 대해 의논할 사람도 없고.

아빠투툼몬　　　맞아요. 어떤 날엔 하루 종일 말 한 마디도 안 하고 지나간 날도 있었어요.

제네시오몬　　　동업을 하는 사람의 경우, 일할 때 의논이 필요하면 회의가 가능해요. 하지만 혼자 일하다 보면 물어볼 사람이 없어요. 혼자 인터넷 검색을 하고 혼자 결정해야 하는 게 참 어려운 일이더라구요.

젬베몬　　　또 어떤 아이디어가 생각났는데, 도저히 혼자서는 진행이 불가능한 경우도 있어요. 이럴 때 협업을 하지 못해 그 아이디어를 포기해야 하는 경우가 생겨요.

아빠투툼몬　　　맞아요. 또 혼자서 너무 많은 일을 해야 하기 때문에 일에 있어서도 한계에 부딪히는 경우가 있는 것 같아요. 그런데 그것보다 사실 외로움이 가장 큰 것 같아요. 회사 다닐 때는 직장 동료와 잠깐 커피도 마시고 점심도 같이 먹고 상사 욕도 하고, 그게 나름의 재미였는데 혼자 일하면 그런 재미가 없어요. 점심은 어떻게들 해결하세요?

제네시오몬   저는 집이 가까워서 집에 들러서 어머니와 함께 점심을 해결해요.

젬베몬   편의점에서 사먹거나 안 먹고 넘어갈 때도 있어요.

참새몬   저도 집이 가까워서 집에서 간단히 먹어요.

아빠투툼몬   그러니까요. 사장이 되면 좋을 것 같은데 정작 점심 한 끼도 든든히 먹지 못하는 경우가 많은 것 같아요. 근데 또 직원을 채용한다고 해도 난감할 것 같긴 해요. 근무시간을 어떻게 조절해야 할지가 가장 크게 고민이 돼요. 혹시 직원을 뽑을 생각은 안 해보셨나요?

제네시오몬   저는 원래 올해 직원을 뽑을 생각을 했었어요. 제가 강의나 공연으로 마술 학원에 없을 때 수업도 진행하고 마케팅까지 해주는 사람이 필요하거든요. 하지만 최대한 버텨보고 채용을 해야겠다는 생각에 조금 미루고 있어요.

젬베몬   저희는 공연과 음향을 다루기 때문에 프리랜서가 필요해요. 프로젝트 당 보수를 지급하는 식으로 채용을 해야 하는데, 딱 맞는 사람을 뽑기도 쉽지가 않아요.

아빠투툼몬		직원을 뽑는 것도 투자예요. 직원을 채용하면서 전체적인 수익 파이를 키우면 좋은데, 사실 그게 참 어렵죠.

제네세오몬		맞아요. 직업 특성상 일거리가 일정하게 들어오는 것이 아니기 때문에 수익이 매월 불확실하거든요. 이런 이유 때문에 직원을 고용하는 것이 망설여져요.

아빠투툼몬		직원을 뽑으면 업무분담을 어디까지 해야 할지 고민이 되는 것도 있어요. 동시에 직원을 뽑으면서 나의 자유가 조금 줄어들 것 같다는 걱정도 살짝 되구요.

제네시오몬		업무 분장은 서로 조율하면 될 것 같은데, 혼자 일할 때보다 근무태도나 출퇴근 시간 및 외출에 있어서 눈치가 좀 보일 것 같긴 해요.

젬베몬		그래도 직원 월급을 감당할 수 있는 만큼의 수익창출이 된다면 직원 채용을 마다할 이유는 없는 것 같아요. 하지만 창업 초창기에 사업이 안정되지 않았을 때는 무리한 직원 채용을 했다가 오히려 사정이 더 어려워질 수 있어요.

제네시오몬		꼭 직원이 아니더라도 마음이 맞는 사람들끼리 모여 프로젝트, 팀 형식으로 일하는 것도 좋다고 생각해요.

아빠투툼몬　　　　품앗이와 비슷한 개념이네요. 품앗이를 통해 성수기에 밀려드는 업무를 처리하는 것도 좋은 방법이겠네요. 그런데 팀을 잘 만나는 것이 중요할 것 같아요. 팀원들을 어디서 만나는 것이 좋을까요?

제네시오몬　　　　얼마 전에 후배 한 명이 회사를 그만두고 창업을 준비하기 시작했어요. 그 후배 역시 '어떻게 일을 하지?' '어떻게 사람을 만나야 하지?' 하는 고민이 가장 많더라구요. 지역마다 창업 모임이나, 사업과 관련된 모임을 찾아서 적극적으로 사람들을 만나는 게 도움이 됩니다.

아빠투툼몬　　　　맞아요. 하지만 모임에 있다가 적응 못하고 소외감을 느껴서 튕겨 나가는 사람이 제법 많더라구요. 모임에 있는 멤버들과 동화되어야 같이 일을 도모할 수 있어요. 참새몬은 어떤 마음으로 창창포럼(창업몬 멤버들이 만든 창업 모임)에 나가게 됐어요?

참새몬　　　　새로운 것에 대한 호기심이 컸어요. 사람이 많이 모이는 곳에 가야겠다는 생각이 들어서 참석하게 됐어요.

아빠투툼몬　　　　처음 모임에 나갈 때, 기존의 멤버들끼리는 서로 알고 자신은 모르는 사람인데 어떻게 그 사람들과 친해지고 그 집단에 빨리 적응할 수 있었는지 궁금해요.

참새몬　　　　사실 마음가짐이 태도를 만들고, 그게 자연스럽게 타인에게 전달이 되는 것 같아요. 본인이 절실하면 적극적으로 다가갈 수 있다고 생각해요.

아빠투툼몬　　　　저도 먼저 말을 거는 것이 중요하다고 생각해요. 적극적으로 대화를 시도하려는 노력이 필요해요. 그걸 못할 것 같다고 생각하는 사람에게 추천하는 방법이 있는데요.
'제주도 게스트하우스에 한 번 가볼 것, 꼭 파티가 있는 게스트하우스에 가볼 것.'이에요. 거기에 가면 모두 처음 보는 사람들인데 1시간만 지나면 10년 이상 사귄 친구들처럼 변해있는 경험을 할 수 있어요. 그런 곳에 가면 별의 별 사람들이 많아서 처음엔 어색하고 이상할 수 있지만 그런 곳에서 사람들과 어울리고 이야기하는 습관을 들이다 보면 낯선 곳에서 처음 보는 사람들과 얘기하는 것에 도움이 될 수 있다고 생각해요.

제네시오몬　　　　모임에는 항상 뒤풀이가 있는데, 부끄럽다고 빠지는 것이 아니라 꼭 참석하는 것이 좋아요. 사실 뒤풀이가 더 중요해요. 모임은 형식에 맞춰 순서가 진행되기 때문에 사람들과 이야기를 나눌 시간이 마땅치 않지만, 이후 뒤풀이에서는 자연스럽게 이야기를 나눌 시간이 충분히 있어서 친해지기에 더 좋아요.

아빠투툼몬　　　지금 창업몬 방송 멤버들도 원래 창창포럼에서 처음 만난 사람들인데요. 뒤풀이에서 많이 친해졌어요. 그리고 그걸 계기로 창업몬 방송도 시작하게 되었죠. 본 행사에 참석했을 때는 그 행사에 참석했던 사람들을 모두 알 수는 없어요. 대략적으로 어떤 사람들이 어떤 부분에 관심이 있는지를 파악해서 나와 관심사가 비슷한 사람이 누구인지 찍어뒀다가 뒤풀이에 가서 그 사람과 가까이 앉거나 해서 적극적으로 친해져야 해요. 그래서 그 사람과 좀 더 깊은 이야기를 해서 나와 정말 맞는다 싶으면 뭔가 새로운 일을 해볼 수도 있는 거죠.

제네시오몬　　　사람들을 만날 때 가장 중요한 것이 공감대잖아요. 심리학 용어로는 '라포 형성'이라고 해요. 모임에 가서 비슷한 관심사가 있는 사람들을 눈여겨봤다가 대화를 나누는 게 아무나 붙잡고 이야기를 나누는 것보다 더 좋아요.

아빠투툼몬　　　언젠가 TV에서 사람들이 가장 빨리 친해질 수 있는 방법이라는 걸 봤는데, 사람들은 자신이 좋아하는 것에 대해 이야기하면 빨리 친해진다고 해요. 그런데 그것보다 더 빨리 끈끈하게 친해지는 방법은 상대방의 편을 들어주는 것이라고 하더라구요.
만약 지금 학생이라면 대외활동을 할 기회가 많으니까 될 수 있으면 많은 경험을 하고 많은 사람들을 만나보는 것이 좋다고 생각해요. 그러다 마음 맞는 사람들이 생기면 뭔가가 이루어지는 겁니다. 창업몬 팟캐스트 방송도 사실 준비된 것 없이 한 번 해보자고 저지르면서 시작되었어요. 뭔가 저지르면 됩니다. 마음 맞는 사람들을 만나서 뭔가를 하다보면 거기서 무언가 결과물이 나오고, 자기 사업과 연관되는 사람들을 만나게 되면 사업의 확장이나 새로운 도전을 시도할 수 있어요.

제네시오몬   계획보다 중요한 것이 실행하는 거예요.

아빠투툼몬   맞아요. 실행력이 중요하다고 생각해요. 그리고 중요한 건 팀원을 잘 만나는 거예요. 마음 안 맞는 사람과 잘못 얽히게 되면 정말 힘들어요. 혹시 그런 사례는 없었나요?

젬베몬   마음이 안 맞는 사람과 함께 있으면 일이 진행되지 않아요. 자기가 하는 일에 책임은 지지 않고 대우는 받으려고 하는 사람과 일하게 되면 정말 답이 없어요.

제네시오몬   아직까지 사람에게 피해를 당한 경우는 거의 없었어요. 하지만 군대에서 몇 번 안 맞는 사람들이 있었어요. 군대를 일반 병사가 아닌 홍보단으로 가니까 악기 다루는 친구들, 예술적으로 뛰어난 친구들이 많았어요. 일을 할 때 본인이 책임감을 갖고 해야 하는데, 같이 하는 일이라고 생각하니까 요령을 피우는 사람들이 있었죠. 나만 아니면 괜찮겠지 라고 생각하는 사람과 함께 일하는 건 정말 어렵더라구요.

아빠투툼몬   좋고 안 좋고의 문제는 아닌 것 같아요.

제네시오몬   흔히 틀리다와 다르다를 구분해요. 틀린 것은 잘못
된 것을 의미하는데, 다르다는 서로의 생각 차이나 성향 차이를 의미
하는 거죠. 단지 나와 안 맞는다는 것이지 그 사람이 잘못되었거나 틀
린 것은 아닐 수 있어요. 그래서 자신과 맞는 사람을 만나는 게 중요
한 것 같아요.

아빠투툼몬   예전 직장에서는 팀장이 자주 바뀌었어요. 팀원은
항상 똑같은데 팀장이 바뀔 때마다 팀원에 대한 평가가 달라지기도
했어요. 팀장의 성향에 따른 결과였겠죠.

제네시오몬   그리고 처음엔 마음이 맞는다고 생각했는데 시간이
지나다보니 숨겨진 성향과 단점이 보일 때가 있어요. 그런 단점보다
이 사람이 이미 갖고 있는 장점들을 부각시키고 칭찬해주는 것이 중
요합니다. 완벽한 사람은 없으니까요.

아빠투툼몬   사람을 대하고 상대방과 일을 할 때, 상대방을 내가
의도하는 방향대로 움직이게 하는 것도 능력이라고 생각해요.

참새몬　　　상대방과 내가 똑같다고 생각하면, 거기서 스트레스를 받을 수 있어요. 조금이라도 내가 일을 많이 하고 손해 보는 것 같으면 스트레스를 받으니까 내가 남들보다 조금 더 손해 본다는 마음을 가지면 스트레스를 덜 받을 수 있어요.

젬베몬　　　뿐만 아니라 코드 맞는 사람이 좋아요. 유머 코드가 맞는다던지 센스 있는 사람이 좋은 것 같아요. 누군가에게 유치한 아이디어를 말했는데 좋은 것 같다, 같이 해보자 라고 이야기하는 사람도 있고, 누군가는 반응이 시큰둥할 수도 있어요. 상대방이 나와 코드가 맞는지를 어떻게 확인할 수 있을까요?

제네시오몬　　　저는 상대방이 긍정적인 사람인지를 확인하려고 해요. 작은 것이라도 그것의 가능성을 보는 사람들은 많은 기회를 거머쥘 수 있다고 생각해요. 매사에 긍정적인 사람은 대부분 일을 할 때도 늘 재밌게 하거나 일을 즐길 수 있어서 잘 맞는 것 같아요.

아빠투툼몬　　　하지만 너무 성향이 똑같은 사람을 만나는 것도 그렇게 좋지만은 않은 것 같아요. 예를 들어 아이디어 제시만 잘하는 사람 2명이 만났다면, 평생 아이디어 회의만 하고 실제 행동으로 옮기지 못할 가능성도 있죠. 불편할 수는 있겠지만 나와 다른 사람들과 같이 하는 것도 괜찮다고 생각해요.

다시 품앗이 이야기로 돌아가서, 혼자서 일하면 외롭고, 힘들고, 직원을 뽑기엔 여력이 안 될 때는 이렇게 만난 팀원들을 만나서 프로젝트를 진행하면 되는 거죠.

젬베몬　　　　요즘은 1인 기업 창업을 하시는 분들이 많기 때문에 서로 협력하면 굉장한 시너지를 발휘할 수 있을 거라고 생각해요.

아빠투툼몬　　　이런 것을 협동조합으로 많이 하는 것 같아요.

젬베몬　　　　썬키스트가 대표적인 협동조합이에요. 실제로 오렌지 농장을 하는 사람들이 큰 업체들에게 납품하면 수익을 얼마 내지 못하니까 썬키스트라는 협동조합을 만든 겁니다. 오렌지 주스를 유통하면 조합원(오렌지 농장주인)들에게 수익이 잘 돌아갈 수 있게 시스템을 만든 것이 썬키스트 협동조합이에요.

아빠투툼몬　　　협동조합이 굉장히 좋은 취지로 만들어졌는데, 안 좋게 변질되는 경우도 있어요. 사실 협동조합이 우리 주변에 생각보다 많은데요. 서울우유도 협동조합이고, 부산에서 굉장히 유명한 생탁 막걸리도 부산양조 협동조합이에요. 부산에서 막걸리 만드는 사람이 모여서 만든 협동조합이 '생탁'이라는 회사인데, 양조 사장들이 모여서 만든 회사로 사장이 200명 정도 된다고 해요. 사장 200명이 월급을 챙겨가고 나머지로 근로자 임금과 운영, 시설비를 충당하다보니 복지도 좋지 않고 휴일에도 근무하도록 하면서 점심으로 감자 두 개만 주는 열악한 환경으로 운영이 되었다고 해요. 씁쓸한 일이죠.

최근에 동네 카페들이 이런 협동조합을 많이 만든다고 해요. 원래는 동네 카페 이름들이 다 다른데, 프랜차이즈 카페처럼 이름을 만들어서 간판도 똑같이 달고, 얻은 수익을 나눠 갖는 겁니다. 이런 식으로 협동조합 구조를 만들어서 운영하면 대기업 프랜차이즈 업체와 경쟁이 가능하다고 해요. 이렇게 대기업과 경쟁이 불가피한 업종은 협동조합을 만들어서 사업을 운영하는 것도 좋은 방법이라고 생각해요.

참새몬　　　　협동조합으로 사업을 운영하면 비용을 좀 아낄 수 있어요. 세무도 하나의 이름으로 맡길 수 있고, 전산도 통일하고, ERP 시스템도 도입해서 쓸 수 있어요. 필요하다면 공동 사무실도 빌릴 수 있구요. 잘 이용하면 협동조합도 장점이 굉장히 많아요.

아빠투툼몬　　　　맞아요. 그리고 꼭 팀원을 모아서 함께 일을 도모하지 않더라도 요즘은 SNS라는 플랫폼을 통해 많은 사람들과 소통하며 사업에 도움을 얻을 수 있어요.

젬베몬　　　　저도 예전엔 블로그를 하지 않았는데, 최근에 아빠투툼몬에게 특강을 듣고 나서 블로그를 하기 시작했어요. 블로그 관리를 하면서 조회 수가 늘어나는 것을 보고 재미를 느끼기 시작했어요.

아빠투툼몬 우리같이 광고에 많은 돈을 쓸 수 없는 영세한 기업들은 블로그나 SNS가 필수적인 요소라고 할 수 있어요. 블로그나 SNS가 일당백 역할을 할 수도 있어요.

그리고 SNS를 활용해서 아이디어를 모집하거나 간단한 설문도 할 수 있어요. 사업에 있어서 사람들과 같이 모여서 아이디어를 나누는 것도 중요하다고 생각해요. 말도 안 되는 아이디어라고 생각하고 말했지만 그 아이디어에 동의하는 사람도 나올 수 있거든요. 그리고 제가 생각지도 못한 또 다른 아이디어가 거기에 붙을 수도 있고, 미처 생각하지 못했던 부족한 부분을 채워 넣을 수도 있어요.

젬베몬 혼자 하면 '이게 될까' 하는 생각을 정말 많이 하게 되는데, 생각에 동의해주는 사람들이 있으면 힘을 얻고 추진력을 얻게 되는 것 같아요.

제네시오몬 마술은 누군가가 봐줘야 신기한지를 알 수 있어요. 직장에 다닐 때는 동료 마술사들에게 보여주고 피드백을 받을 수 있었는데, 지금은 혼자 있다 보니 거울 앞에서 마술을 연습하고 혼자 '신기하네'라고 생각하며 공연을 준비해요. 근데 막상 공연에서 관객 반응은 별로인 경우가 있어요. 그래서 일을 같이 하는 것이 좋은 것 같아요.

협동조합 어떻게 만드나요?

원래 3억 원 이상이던 출자금 제한을 없애고, 200명 이상이던 설립 동의자를 5명으로 줄이는 등 설립 요건이 대폭 완화되어 지금은 5인 이상 조합원을 모으면 누구나 금융 · 보험업을 제외한 모든 분야에서 협동조합을 만들 수 있습니다.

1. 협동조합 설립 요건

1) 조합원과 발기인 : 발기인(조합원 포함)이 5인 이상 되어야 합니다.

2) 출자금

모든 조합원은 반드시 출자금을 납입해야 합니다. 출자금의 최소액은 정해져 있지 않기 때문에 각자의 사정에 따라 구좌수를 정해서 납입합니다. 단, 협동조합의 경우 1인의 출자좌수가 조합원 총 출자좌수의 30%를 초과 할 수 없습니다.

3) 사무실

협동조합이 사용할 사무실을 구비해야 합니다. 사무실은 반드시 임차해야 하는 것은 아니므로 다른 사업을 위해 이미 임차한 사무실에 무상 이용하는 것도 가능합니다.

2. 협동조합 설립 절차

1) 조합원 창립총회

창립총회는 조합원 전원에 대해 공고문을 발송하고 협동조합의 정관과 사업계획, 임원의 선출 등에 대해 의결해야 합니다.

2) 창립총회 의사록 등 구비서류 작성

총회에서 결정된 의결사항을 정리하여 구비서류를 작성하고 그 내용이 반영된 의사록을 작성해야 합니다. 의사록은 추후 임원들의 인감날인과 간인을 하여 설립등리를 해야 합니다.

3) 주무관청 서류 접수

준비된 서류를 주무관청에 접수하고 설립인가증을 발급받습니다.

4) 회의록 공증 및 설립등기

창립총회회의록을 공증하고, 설립등기를 해야 합니다. 공증 시에는 임원들이 인감증명서가 첨부되어야 하고, 공증 위임장에 인감도장으로 날인해야 합니다. 등기 시에는 임원취임승낙서, 주민등록증, 초본 등의 서류를 첨부해야 합니다.

디지털 시대!
스마트하게 업무를 처리하는 방법

기술은 인류의 촉진제다. 기술 덕분에, 우리가 만드는 모든 것은 늘 무언가가 되어가는 과정에 있다. 모든 것은 다른 무언가가 되어가고 있으며 '가능성might'에서 '현실is'을 빚어내고 있다. — 케빈 켈리, 《인에비터블》 中

디지털 기술의 발달로 우리가 상상하는 것들을 실현할 수 있는 시대가 도래했습니다. 가능성이 현실이 되게 하는 디지털 기술을 사업에 어떻게 활용할 수 있을까요?

아빠투툼몬　　　청년 사업가들이 연배가 있으신 사업가들에 비해 경쟁력 있는 분야가 바로 디지털 기술인 것 같아요. 다들 디지털 기술을 업무에 잘 활용하고 계시지요? 지금은 뭐 컴퓨터나 스마트폰이 없는 업무 환경은 상상도 할 수 없을 것 같아요.

제네시오몬　　　제가 지금 사용하는 PC는 3대인데, 영상, 사진과 같은 미디어 관련한 작업은 맥 컴퓨터에서, 한글, 워드 같은 문서 작업은 윈도우 PC로 사용합니다. 그리고 이 세 컴퓨터의 작업물을 연동하기 위해서 클라우드를 즐겨 사용하고 있어요. 클라우드를 사용하면 시간 단축도 되고, 밖에 나가서도 업무를 처리할 수 있는 장점이 있어요. 공유기에는 WOL이라는 연동 기능이 있어서 잘 활용하고 있어요. 예를 들어 PC가 꺼진 상태에서 켤 수 있거나, PC에 있는 파일을 급하게 수정해야 할 경우, PC를 켜고 원격으로 조정하는 기능까지 할 수 있어요. PC가 꺼진 상태에서도 원격으로 조정이 가능한 장점이 있죠. 일반 윈도우 데스크탑 PC는 랜카드에서 지원되는 것이 있어요. Wake up on lan(원격부팅)이라는 기능이 있는데, 그 기능이 있는 랜카드를 사용하고 iptime 등 이 기능을 지원하는 공유기를 사면 설정된 IP주소로 접속해서 그 PC를 자동으로 켜고 끌 수 있게끔 하는 기능을 사용할 수 있어요.

젬베몬　　　일반적으로 많이 사용하는 공유기는 통신사 공유기인데, 그 공유기는 원격부팅 기능이 있나요?

제네시오몬　　　요즘 나오는 대부분의 공유기는 그 기능이 다 포함되어 있는 것으로 알고 있어요. 가장 중요한 것은 PC의 랜카드, 인터넷을 사용할 수 있게 해주는 랜카드가 지원되는지를 확인해야 해요. 보통 노트북은 지원이 되지 않습니다. 맥 컴퓨터는 절전모드 상태에서는 깨울 수 있는데 완전히 꺼진 상태에서는 기능이 지원되지 않아요. 공유기는 유선으로 들어오는 인터넷 신호를 무선으로 바꿔주기도 하고, 선을 서로 연결시키고 나눠서 두 개의 PC가 인터넷을 사용할 수 있게 해줍니다.

저는 맥 컴퓨터를 쓰다 보니 스마트폰도 연계해서 쓰고 있어요. 왜냐하면 애플 제품은 서로 연계해서 사용할 때 활용도가 높아지거든요. PT를 하러 갈 때 파일을 USB에 담아가지 않고, 노트북을 들고 선만 꽂아서 인터넷만 연결시켜 놓으면 icloud 서버에 내가 만든 PT 파일이 저장돼요. 그러면 그 자리에서 바로 파일을 열어서 프레젠테이션을 합니다.

아빠투툼몬　　　맞아요. 요즘은 클라우드 서비스의 발달로 우리가 활용할 수 있는 것들이 많아졌어요. 가끔 강의를 들으러 가면, 소장하고 싶은 강의는 에버노트를 열어서 에버노트의 녹음 기능을 활용합니다. 그리고 에버노트는 티스토리 블로그와 연동이 됩니다. 티스토리에는 에버노트 플러그인이 있어서 에버노트에서 해쉬태그도 달 수 있어요. 에버노트에 글을 쓰고 해쉬태그로 티스토리를 달아 놓고, 티스토리에 에버노트 플러그인을 설치하고 글 불러오기를 누르면 내 에버노트에 #티스토리 라고 적은 글이 그대로 블로그로 불러와져요. 그래서 '발행'만 누르면 글이 블로그에 발행이 됩니다.

블로그엔 API 기능이 있어요. 그 기능을 미리 블로그에 설정하면 블로그에 접속하지 않아도 워드에서 글을 작성해서 발행을 누르면 자동으로 블로그에 글이 발행되죠. 저는 블로그를 하고 있기 때문에 이런 기능들을 잘 활용하고 있어요.

제네시오몬 저는 PC를 원격으로 조정하는 '팀 뷰어'라는 프로그램을 쓰고 있어요. 개인은 무료로 사용할 수 있고, 기업은 라이선스 비용을 지불해야 하는데요. 개인 PC로는 편하게 사용할 수 있어요. 팀 뷰어를 스마트폰과 PC에 설치해두면 편하게 PC에 접속해서 사용할 수 있으니 외근 나갔을 때에 활용하면 좋아요. 하지만 노트북에서는 무용지물이라는 단점이 있어요. 한 가지 팁을 주자면 화면만 꺼지도록 절전모드를 해두면 노트북도 깨울 수 있어요. PC가 완전히 잠드는 절전모드만 피하면 노트북에서도 팀 뷰어의 기능을 사용할 수 있습니다.

젬베몬 간단하게는 PC에서 포스트잇처럼 쓸 수 있는 프로그램도 유용하게 쓰고 있어요. '에스노트'로, 갑자기 아이디어가 떠오르면 포스트잇 붙이듯이 모니터 화면에 작은 창을 만들어서 적어놓아요.

제네시오몬 아이디어를 떠올릴 때 가장 많이 하는 방법이 마인 드맵인데, PC에도 마인드맵 프로그램이 있어요. 그래서 간단하게 글만 적고 끌어다 놓기만 하면 만들 수 있어요. 혼자 고민을 많이 하게 되는 1인 사업자들에게 좋은 프로그램이죠. '알마인드', '프리마인드' 이 프로그램을 쓰면 생각을 정리할 때 도움이 됩니다.

아빠투툼몬 가장 많이 쓰는 프로그램은 오피스 프로그램이 아닌가 싶어요. 사실 단축키만 잘 써도 일을 빨리 처리할 수 있어요. 그리고 다른 사람이 봤을 때 굉장히 프로페셔널하게 보입니다. MS office는 내가 원하는 명령에 대한 단축키를 다 만들 수가 있어요. 저는 '값 붙여넣기', '화면에 보이는 셀만 선택하기' 기능을 가장 많이 사용했어요. 그리고 '셀 병합'도 굉장히 많이 사용했어요. 자신이 가장 많이 쓰는 기능은 단축키로 만들어서 손에 익히면 업무를 훨씬 효율적이고 빠르게 처리할 수 있어요.

저는 주로 엑셀로 정산을 하는데, 엑셀에 함수를 많이 넣으면 용량이 늘어나요. 그래서 피벗을 많이 사용합니다. 피벗 테이블 차트를 쓰면 용량도 많이 차지하지 않고 간단하게 업데이트하기 좋은 양식을 만들 수 있어요.

젬베몬　　　　엑셀 문서 자체의 용량이라기보다는 데이터가 많아지면 엑셀에서 읽는 속도가 느려져요. 저도 그것 때문에 피벗 테이블을 사용해요. 회사 상황에 맞춰서 양식을 만들어 주는 것이 ERP 프로그램인데, 회사 분기 매출은 얼마인지, 재고는 어느 정도인지를 전자 시스템으로 만든 거예요.

아빠투툼몬　　　　네, 사람들이 업무를 하다보면 실수가 생기지만 프로그램으로 정형화되어 있으면 오류를 줄일 수 있죠. 이 오류를 줄이기 위한 프로그램이 ERP 프로그램입니다. 이 프로그램을 잘 활용하려면 데이터를 철저히 관리하는 노력도 필요해요.

제네시오몬　　　　그 외에도 저는 PC를 CCTV로도 활용하고 있어요. 학원을 운영하다보니 학원 내 안전사고에 주의해야 해서 CCTV를 운영합니다. 근데 이게 업체에 맡기면 단가가 굉장히 비싸요. 개인사업자는 많은 비용을 쓸 수 없어요. 자이뷰라는 회사가 있는데, PC의 카메라 선만 따로 사서 연결하면 저렴하게 CCTV를 설치할 수 있습니다. 단 CCTV를 설치할 때는 개인정보 동의를 구해야 해요. CCTV를 설치했다고 표시도 해야 합니다. 학원 수강생 전부에게 개인정보 제공 동의서를 받아야 해요.

젬베몬　　　　원래 녹음은 스튜디오 레코딩과 홈 레코딩이 있는데, PC 보급 때문에 이 둘 간의 경계가 허물어졌어요. 누구나 레코딩을 할 수 있는 환경이 만들어진 거죠. 레코딩할 수 있는 프로그램도 많이 만들어졌어요.

아빠투툼몬　　　저는 홈레코딩을 주로 하고 있어요. 태블릿 PC와 스마트폰이 나오면서 어플로 스케치를 했다가 세션을 PC로 불러서 추가로 편집하기도 합니다. 그리고 요즘은 마이크 성능이 많이 좋아지면서 완벽 방음이 안 된 녹음실에서도 감도를 조절해서 녹음한 다음 프로그램으로 잡음을 지울 수도 있어요. 그래서 꼭 스튜디오가 아니어도 녹음이 가능한 거죠. 요즘은 홈레코딩으로 음반을 발매하는 사람들도 많아요. 팟캐스트 녹음도 집에서 편집해서 업로드해요. 디스크가 없어도 가능합니다.

녹음 프로그램 중에 무료로 사용할 수 있는 것들이 있어요. 곰오디오, 다음팟 인코더로 녹음을 할 수 있어요. 그리고 요즘은 PC 화면 움직이는 것을(작동하는 것을) 그대로 녹화해서 바로 강의를 만들 수도 있습니다. PC로 블로그를 관리하는 방법이나, 엑셀 기능을 알려주는 내용으로 PC를 움직이면서 목소리와 함께 녹화를 하면 동영상으로 만들 수 있는 프로그램도 있어요. 자주 쓰는 프로그램은 '오캠'이에요. 오캠을 실행하면 사각박스가 뜨는데 사각박스 안에 있는 화면이 녹화되는 화면이에요. 사각박스 크기는 조절할 수 있구요. 강의 영상을 제작하는 분에게 좋은 팁이 되겠네요.

실시간 라디오 방송을 하는 '세이 라디오' 프로그램도 있어요. 예전에 '세이 라디오'로 방송을 하려면 윈엠프를 설치해야 했고, url을 등록해야 하는 등 준비할 절차들이 복잡했어요. 하지만 요즘은 세이 라디오에서 제공하는 프로그램을 설치하면 그 프로그램으로 실시간 방송도 하면서 방송하는 것을 그대로 녹음할 수도 있습니다. 노래를 선곡해서 바로 재생할 수도 있구요. 그래서 유튜버, 팟캐스트 방송가 같은 1인 창작자들이 콘텐츠를 만들기 좋은 세상이 되었죠.

그리고 그림 그릴 때 태블릿(터치패드)을 많이 써요. 터치패드를 이용해서 펜으로 그림을 그리는데 감압 조절이 가능해서 펜과 거의 똑같아요. 굉장히 정교한 작업도 가능해요.

제네시오몬　　　저는 사진에 굉장히 신경을 써요. 블로그에는 사진이 10장 이상도 올라가는데, 사진을 찍고 일일이 수정하려면 시간이 굉장히 오래 걸립니다. 제안서에 들어가는 사진이라든지 홍보물에 들어갈 사진, 혹은 블로그 사진은 사진의 색감, 밝기 등이 찍는 곳에 따라서 들쭉날쭉할 수밖에 없어요. 그것을 일괄적으로 비슷하게 할 수 있도록 하기 위해서 쓰는 프로그램이 'Lightroom'이에요. 이 프로그램은 Adobe에서 나온 프로그램인데, 사진을 일괄적으로 불러오고 보편적으로 사용하는 색깔과 밝기를 조절해서 쭉 붙여넣기를 하면 수십 장 많게는 수천 장이 한꺼번에 정리가 됩니다. 그것을 저장해서 쓰면 사진들이 보기가 좋고 통일된 느낌을 줄 수 있어요.

젬베몬　　　　블로그에 업로드할 무료 사진을 제공하는 곳도 있

다고 들었어요. 가장 유명한 사이트는 pixabay인데, 이런 사이트를 이

용해서 본인에게 필요한 이미지를 받아서 블로그 글을 쓰면 좋아요.

제네시오몬　　　　저도 pixabay에 많이 들어가요. 벡터 이미지도 많

고, 제안서에 들어갈 애니메이션 그림도 있어요. 상업적으로도 무료

로 사용할 수 있어서 좋아요.

아빠투툼몬　　　　저는 사진을 조합할 때 PhotoScape라는 프로그

램을 써요. 이 프로그램은 무료인데 여러 가지 기능을 갖고 있어요.

PhotoScape를 설치하면 사진 크기 조절, 배경 액자, 사진 여러 장 합

치기, 텍스트 삽입 등 웬만한 기능을 활용할 수 있습니다. 포토샵 사

용이 어려운 사람에게 굉장히 유용해요.

젬베몬　　　　예전에 회사 다닐 때 홍보물을 만들기 위해서 파워

포인트를 많이 사용했어요. 포토샵을 다루기 어려운 사람들은 파워포

인트를 이용해 간단한 이미지 편집이나 동영상 제작을 해보는 것도

좋아요. 파워포인트도 기능이 많이 업그레이드되어서 이미지의 배경

을 지운다거나 색감을 조정하는 간단한 기능들을 사용할 수 있습니다.

아빠투툼몬　　　　저는 영업활동을 많이 하다 보니 블로그, 카페를 많

이 활용해요. 블로그 초기에는 글을 열심히 써서 업로드했어요. 글에 이모티콘도 넣고 정성을 쏟았는데, 점점 시간이 지나면서 다른 업무들도 생기고 블로그를 할 시간도 줄어들면서 어떻게 하면 좀 더 빠르고 편하게 블로그에 포스팅할 글을 쓸 수 있을까 고민하게 됐어요. 에버노트 해쉬태그 기능과 같은 기능을 찾기 위해 애를 썼죠. 특히 개인적인 일상이 아닌 상품 후기 같은 글들은 형식이 거의 비슷하거든요. 형식이 비슷하게 올라가야 하는 것들은 두 가지 방법을 활용했어요. 하나는 티스토리 블로그를 운영하는 거예요. 저는 네이버 블로그도 운영하는데, 시간이 날 때 아이패드나 스마트폰으로 메모를 해뒀다가 당겨쓰기도 해요. 그리고 양식도 만들어 놓았어요. 공통적인 글들, 예를 들면 글의 도입부 부분은 에버노트에 미리 설정해뒀다가 해쉬태그를 달아두면 관련된 글을 쓸 때마다 기존에 저장한 것을 불러와서 빈 칸에 단어나 사진, 영상만 추가해서 바로 발행합니다. 이런 식으로 하면 포스팅 하는데 소요되는 시간은 5분 이내로 줄어들게 됩니다.

그리고 API 기능은 티스토리와 네이버 블로그 모두 있어요. MS word 같은 문서작성 프로그램에 블로그 계정을 등록할 수 있어요. 물론 블로그에서 API 기능을 활성화시킨다는 전제가 되어야 해요. 그 블로그 계정을 연동시키면 MS Word에서 쓴 글이 어느 블로그, 어느 게시판에 등록될지 설정할 수 있습니다. 블로그를 여러 개 운영하는 분에게 추천하고 싶은 방법이에요. 이 방법은 백업 기능으로도 유용해요. 만약에 특정 블로그가 망하고 다른 블로그를 새로 운영한다면, word에 작성했던 글들을 바로 올리면 됩니다. 네이버는 pdf 파일로 백업 기능을 지원해요. 그래서 만약 API 기능을 활용해서 글을 썼다면 블로그가 폐쇄되더라도 다시 블로그를 개설해서 계정 연동을 해서 다시 발행하면 됩니다. 그런데 API 기능을 통해서 글을 업로드하면 SNS와 연동이 되지는 않아요.

제네시오몬　　　여러 명이 업무를 할 때 도움이 되는 프로그램도 있어요. 캘린더 공유를 하면 좋아요. 1인 기업가의 경우 개인 스케줄러를 사용하면 되지만, 프로젝트 팀이나 회사 직원들이 많은 경우는 캘린더 공유하기를 해서 서로의 스케줄을 보면 이 날짜에 어떤 일을 하는지 서로 일정 공유가 되니까 이런 기능도 활용하면 좋아요.

젬베몬　　　요즘 페이스북에도 스케줄 기능이 있어요.

아빠투툼몬　　　저 같은 경우 구글 스케줄러를 사용해요. 구글 스케줄러는 윈도우 PC에서도 사용 가능하고, iPad로도 가능하고 안드로이드로도 가능해요. 구글에서 제공하는 서비스 중에서도 유용한 것들이 많아요. 회사에서 매일 업무일지를 썼는데, 외근 나가는 경우 혹은 팀이나 파트가 업무 일지를 취합해서 보고해야 하는 경우가 생기면 업무 일지를 제대로 못 쓰는 상황이 될 수 있어요. 사무실에 있는 사람은 업무일지를 작성해서 네트워크 드라이브에 올리면 되지만 밖에

나간 사람들은 그렇게 못하니까 그럴 때는 구글 드라이브를 이용했어요. 구글 드라이브에 엑셀로 업무일지 양식을 만들어 놓고, 관련된 사람들에게 접근 권한을 부여하면 접근 권한을 가진 사람은 구글 드라이브에 들어가서 업무일지를 밖에서도 쓸 수 있어요. 휴대폰으로도 쓰고 패드로도 쓰고 PC로도 쓸 수 있어요. 그래서 깜빡하고 업무일지를 쓰지 않고 퇴근하는 경우, 집으로 가는 차 안에서 업무일지를 쓰기도 했어요.

제네시오몬 그리고 세무 업무를 처리할 때, 간이사업자들은 간편 장부를 엑셀로 홈텍스에서 받아서 쓸 수 있는데, 일정 비용을 지불하고 간편 장부보다 더 편리하게 사용할 수 있는 서비스가 있어요. 더존이나 SERP 같이 매입매출은 물론 생산, 재고, 세무 등 전반적인 분야에서 관리를 할 수 있게 하는 프로그램들이 많이 있습니다.

젬베몬 1인 기업을 운영한다면 전문분야가 아닌 것도 알아야 하는 경우가 있어요. 이런 부분들은 검색을 통해서 보완해야 하는데요. 검색 팁을 좀 드리자면. 키워드 검색 위주로 검색을 하면 됩니다. 예를 들어 스마트폰 기능이 궁금하다면, 스마트폰을 처음에 검색합니다. 그리고 기능을 알고 싶다면 결과 내 재검색을 하거나 처음부터 스마트폰 기능에 대해 검색을 하면 됩니다. 그리고 구글에는 검색 기능 중에 좋은 것들이 많아요. 예를 들면, 논문이나 책자를 공유하는 것은 우리나라에서는 불법이죠. 하지만 구글 고급 검색 기능에 검색어에 대한 확장자를 검색하는 것이 있는데, 거기서 '검색어.pdf'를 검색하면 검색어와 관련된 논문 자료들이 검색됩니다. 필요한 것들을 받아서 보면 되죠.

하지만 인터넷의 정보들이 100% 정확한 것은 아니라는 걸 유념해야 합니다. 검색에서 가장 중요한 것은 잘못된 정보를 가려내는 능력이라고 생각해요. 저는 키워드 검색을 하면 하나만 보지 않아요. 여러 개의 결과물을 보고 관련 기사도 보면서 내용을 비교해요. 그래서 이 내용이 신뢰할 수 있는 정보인지를 중점적으로 찾아봅니다.

아빠투툼몬 검색을 통해 궁금증을 해결하려는 사람과 그런 사람들을 고객으로 유치하려는 사람들의 니즈가 맞물리는 곳이 포털 사이트입니다. 정확한 정보를 얻기 위해서는 여러 정보들을 많이 본 다음 판단을 해야 해요.

창업몬 멤버들이 뽑은 각 분야별 유용한 프로그램 BEST!

분야	프로그램	이유
스케줄러	구글 캘린더	팀 단위 스케줄 관리에 용이함. 누구나 쉽게 접근 가능한 편리성
	애플 캘린더	애플 제품을 사용한다면 쉬운 동기화와 직관적인 스케줄 관리가 가능함. 개인별 팀별로도 다 좋음
클라우드 서비스	구글 드라이브	구글 계정만 있으면 누구나 무료로 사용 가능, 편리한 기기 연동
	네이버 클라우드	친숙한 플랫폼에서 제공하는 서비스로 이용이 편리, 스마트폰 사진 자동 백업기능
	에버노트	세계적으로 유명한 메모 클라우드, 기기 연동을 통해 언제 어디서나 메모가 가능하며 PC로 옮겨 확인 및 작업 가능
음악/영상 편집	어도비 오디션 (오디오 편집)	설정 및 편집의 간편함. 다루기 쉬우면서도 기능 또한 다른 프롤그램에 비해 떨어지지 않음
	파이널컷 프로 (비디오 편집)	맥 OS 전용이지만 직관적인 인터페이스, 편리한 기능 등으로 누구나 쉽고 간편하게 영상제작 가능
	어도비 프리미어 프로 (비디오 편집)	상대적으로 무겁고 복잡한 기능에 유저 친화적인 디자인은 아니지만 어도비사의 다양하고 유용한 프로그램과의 연동 등을 고려해 봤을 때 윈도우즈 사용자에게 가장 추천 할만한 프로그램
블로그/ 웹문서 작성	MS 오피스 워드	API 기능으로 블로그에 로그인 하지 않아도 글쓰기가 가능
	구글 Docs	API 기능, 온라인으로 간편하게 이용 가능
사진 편집	포토 스케이프	복잡한 기능 없이 간편하게 사전 편집을 하고싶은 사람들을 위해 추천
	어도비 포토샵	사전 편집의 기본이라고 할 수 있는 프로그램
	어도비 라이트룸	프리셋을 이용한 파워풀한 보정기능, 전문가 수준의 사진편집을 위해서는 필수 프로그램

청년, 그리고 재래시장

"새것은 옛것에 감추어져 있고 옛것은 새것 속에 있다."

아우렐리우스 아우구스티누스가 한 말입니다. 새로운 아이디어, 열정이 청년의 강점이라면, 그 강점을 가장 잘 실현할 수 있는 노하우는 기성세대에게 배울 수 있습니다. 새것과 옛것이 조화를 이루어 시너지를 낸다면 그것만큼 파워풀한 것은 없을 겁니다.

아빠투툼몬　　　요즘 청년들을 재래시장에 들어오게 하기 위해서 여러 정책들이 시행된다고 해요.

제네시오몬　　　보통 재래시장이라고 하면 그 지역에서 오랜 시간 상업 활동을 해온 어르신들이 많죠. 그만큼 얼마 안 있으면 재래시장의 명맥이 끊어질 수도 있는 상황입니다. 그래서 재래시장에 청년들이 스스로 일자리를 만들 수 있도록 나라에서 여러 정책을 세우고 있다고 들었어요. 각 지역별로 이런 재래시장에 청년몰들이 많이 생기고 있는 것 같은데요. 대표적으로 창원지역에서는 부림시장의 '청춘바보몰'이 있습니다. 청춘바보몰은 2016년 4월 15일 국비 2억6200만원, 시비 3000만원을 들여 만든 청년 창업가들 중심의 먹거리 타운이에요. 총 12개 점포로 구성된 청춘바보몰은 부림시장 건물 지하에 위치하고 있으며 커피, 치킨, 횟집 등의 다양한 먹거리를 판매하고 있다고 합니다.

아빠투툼몬　　　일단 재래시장이라고 하면, 식재료와 음식을 파는 게 주를 이루잖아요. 청년들이 오코노미야키나 샌드위치 같은 다양한 메뉴들을 재래시장에 들여놓으면 좋을 것 같아요. 젊은 고객들을 유치할 수도 있고 재래시장에 새로운 활력도 불어넣을 수 있구요. 재래시장과 청년창업. 여러 모로 시너지를 낼 수 있을 것 같은데, 이런 정책에 부작용은 없을까요?

제네시오몬　　　정부 정책을 통해 청년창업가들이 재래시장에 창업을 하긴 하지만 기존 상인들과의 트러블도 심각하다고 해요. 조사해 온 사례를 보면 야시장규모를 확대해서 기존의 상인들과 갈등이 있어 일시적으로 야시장을 폐장한 경우도 있더라구요. 결국 품목조정도 하고 매대 개수 제한 및 개점시간 조절 등을 통해 극복했다고 해요.

아빠투툼몬　　　한 편으로는 기존 상인들의 입장도 이해가 돼요. 정부 정책을 통해 새롭게 업그레이드된 상권이 조성되어서 사람들이 많이 찾아오는 것은 좋지만 그게 실질적인 매출과 잘 이어지지 않고 임대료는 오르는 효과가 있는 곳도 있어서 문제가 있는 것 같아요.

제네시오몬　　　사람들이 많이 찾아오면 임대료가 올라갈 수밖에 없어요. 이런 것을 중재를 할 수 있는 구조를 마련하면 서로 상생할 수 있는 정책을 구상해 추진해야 합니다.

아빠투툼몬　　　청년들이 점포를 내면 국가에서 지원금으로 혜택을 주는데, 기존 상권에도 같은 혜택을 주면 서로 좋지 않을까요?

젬베몬　　　효과는 그게 가장 좋겠지만, 그렇게 되면 자칫 포퓰리즘(populism)적으로 정책이 빠질 위험이 있어요.

아빠투툼몬　　　대전에 태평시장이라는 재래시장이 있는데 열 곳 넘게 비어 있던 점포들이 있었대요. 정부에서 이 점포들을 이삼십대 청년들에게 지원을 해줘서 인테리어를 하고 새로 개업을 했다고 해요. 그곳에 들어온 청년들을 보니 학교에서 배운 창업학과 짬뽕요리 전문가인 아버지께 물려받은 요리 비법을 접목시켜서 청년사업가가 된 사례도 있었어요. 또 창업이라고 하면 요식업만 생각했는데 요식업 외에도 부여의 한 재래시장에는 공방과 토목점도 많아졌다고 하더라구요. 이런 점포들이 생기면서 재래시장에 다양한 관심사를 가진, 또 다양한 연령층의 사람들이 오고 있어 기존 상인층도 만족하고 있다고 해요. 어떻게 보면 청년들이 장사를 열심히 잘 해서 그 효과가 기존 상인들에게도 돌아가는 게 가장 자연스러울 것 같긴 해요.

젬베몬　　　맞아요. 하지만 여전히 정책의 보완이 시급해요. 지금은 이런 정책들이 아직 시작하는 단계이기 때문에 문제가 생기지는 않았지만 홍대의 젠트리피케이션(gentrification)과 같은 문제가 나중에는 일어날 수 있을 거 같다는 우려도 있어요.

참새몬　　　젠트리피케이션이 뭔가요?

젬베몬　　　가난한 예술가들이 땅값이 싼 곳으로 몰리는데 예술가들이 이런 문화를 조성해 놓으면 사람들이 몰리고 결국 땅값이 많이 올라요. 그러면 건물 주인들이 예술가들을 쫓아내고 자신들이 그 가게에서 영업을 하는 걸 의미하는 단어예요. 원래 젠트리피케이션은 낙후된 구도심에 사람들이 몰리면서 원래 살고 있던 원주민들이 쫓겨나는 것을 의미합니다.

아빠투툼몬　　정책을 만들 때 이런 것도 고려를 해야겠네요.

제네시오몬　　청년 창업이 활성화가 되려면 이런 국가적 차원에서 이런 임차료 상승과 제도적인 기반을 마련해줘서 청년 창업가들이 자유롭게 도전할 수 있는 기회를 제공을 해줘야 될 것 같아요. 외국에도 다양한 사례가 있는데, 중국 같은 경우 북경에 비어있는 공장지대를 예술인들이 입점을 해서 활성화된 경우가 있어요. 일본 같은 경우 빈점포를 활성화시켜 사각형 형태의 집합점포, 전면을 다 유리로 구성했다고 해요. 이곳에 신규 창업가들이 들어와서 활동할 수 있게 해주었죠. 미국 뉴욕에 첼시마켓이라는 곳이 있는데 버려진 과자공장을 이노베이션해서 퓨전 쇼핑몰로 구성을 했다고 해요. 이렇게 버려진 공간들을 나라에서 매입을 해서 운영을 한다면 임차료 상승과 같은 문제를 막을 수 있지 않을까 생각이 들어요.

아빠투툼몬　　우리나라는 부지를 매입하는 수준의 정책을 시행하고 있지는 않은 것 같아요. 서울 구로구에도 구로시장이 있는데 영프

라자를 조성하고 이곳에 39세 이하의 청년들이 들어가도록 지원하고 있는데, 계약기간동안 최초 보증금, 임대료의 일부, 기반시설비, 홍보비를 지원해준다고 해요. 그렇지만 국가에서 매입을 해서 하는 것은 아니기 때문에 계약기간이 지났을 때 임대료가 올라갈 수 있죠. 지금 한창 청년정책에 대해서 이슈인데, 시간이 지나서 정책이 시들해지면 이것도 죽은 상권이 될 수 있어요. 이런 것에 대한 대안을 만들어야 뒷탈이 없을 거라고 봅니다.

제네시오몬　　　창업이라고 하면 짧게는 국가에서 지원해주는 게 1년, 길어야 2년인데 중장기적이고 체계적으로 지원해서 이 문화를 조성할 수 있는 제도가 있었으면 좋겠어요.

젬베몬　　　지원받는 것도 지원받는 거지만 창업주 본인이 역량을 키워서 사업을 이어 나갈 수 있게 하는 방법도 연구를 해야 한다고 생각해요.

아빠투툼몬　　　저 같은 경우는 대한민국 정책기자단으로 활동 중이에요. 요즘에 '청년정책'이라는 페이스북 페이지를 만들어 국가에서 지원하는 정책들, 청년들을 위한 정책들을 콘텐츠로 올리고 있어요. 관심 있는 분들은 정보를 받아보면 국가에서 현재 지원하는 프로그램과 정책이 어떻게 변화되는지를 빨리 찾아서 사업을 시작할 때 도움이 될 수 있을 겁니다. 또 어떤 것을 참고하면 좋을까요?

제네시오몬　　　지금 현재 중소기업청에서 청년전통시장, 청년몰과
관련된 내용들이 있어요. 관심이 있으시면 중소기업청 사이트에 들
어가 보면 좋아요. 항상 사업을 준비하기 전에 본인이 추진하고 있는
사업목표, 방향성에 맞춰서 시장을 조사해서 정확하게 분석한 후에
들어가는 게 좋습니다.

젬베몬　　　맞아요. 그냥 무조건 지원해준다고 해서 발 들이는
건 굉장히 위험해요.

아빠투툼몬　　　근데 왜 하필 재래시장에 젊은 사람들을 끌어들이
려고 할까요? 재래시장 창업을 계획하는 청년들이 있다면 어떤 미래
를 구상하며 이 사업에 접근해야 할까요?

젬베몬　　　일단 재래시장이 대형마트에 대해서 많은 피해를
봤어요. 지자체 입장에서는 시장도 살려야 하고 청년실업도 문제가
되니까 그것을 복합한 어디선가에서 성공한 사례를 보고 벤치마킹을
하면서 이게 붐이 되고 있는 것 같아요.

제네시오몬　　　한때 대형마트에 견줄 수 있는 재래시장을 만들자

재래시장 활성화 성공사례

1. 1913 송정역 시장

광주광역시 광주송정역시장 주변 위치. '먹방여행의 성지'라고 불리며 기존에 몇십 년 전부터 운영하던 가게들과 최근에 입점한 청년점포들이 어우러진 이색 시장. 먹 거리 외에도 청년들의 아이디어로 다양한 볼거리들이 넘쳐나 성공적인 재래시장 청년창업의 표본이라 할 수 있다.

2. 인천 가좌시장 '소금꽃 빌리지'

'소금꽃 빌리지'는 '청년들의 노력의 땀이 꽃피우는 공간'이라는 뜻으로 인천 서구 가좌동에 위치한 가좌시장 내에 위치한 청년몰이다. 톡톡 튀는 청년들의 아이디어 를 토대로 수공예품 전문 이색 공간으로 구성되어 있다. 기존의 전시행정으로써의 청년 창업 지원이 아닌 청년의 꿈을 꽃피우는 공간으로 청년 창업 지원 정책에 있 어 가장 이상적인 형태이다.

3. 원주 중앙시장 '미로 예술시장'

예술가들의 레지던시 사업으로 시작하여 죽어있던 재래시장을 살려낸 대표적인 재 래시장 청년사업의 성공사례이다. 우범지대나 다름없어 버려졌던 재래시장을 젊은 예술가들이 들어와 활성화 시킨 케이스로 50년 넘게 지속되어 온 시장 운영방식을 파격적으로 개선하여 기존 상인들과 청년 상인들의 조화를 이루어냈다. 무엇보다 상생을 가장 중요한 가치로 내세워 문제시 되던 '젠트리피케이션' 현상을 없애 지 속 가능한 형태로 만든 것이 주목할 만한 점이다.

는 내용으로 재래시장을 리모델링하는 작업이 많이 진행됐었어요. 그 렇게 맞춰 나가다 보니까 청년 실업문제가 대두되었고 청년 실업을 해결하기 위해 청년 창업을 연계해 재래시장에 시너지를 주려고 하는 거 같아요. 정부에서 지원해주는 많은 도움들이 있겠지만 창업을 꿈꾸는 청년들 스스로가 본인의 힘으로 설 수 있는 기반을 만들어야 이 붐이 끝나고도 버림받지 않을 수 있다고 생각해요.

젬베몬　　　　조금 더 거슬러 올라가서, 청년 창업 붐이 일기 전에 사회적 기업에 대한 붐이 살짝 일었던 적이 있어요. 사회적 기업들을 위한 지원금은 2년 동안 지급되는데, 당시 2년 내에 문 닫는 사회적 기업이 굉장히 많았어요. 지원금만 믿고 무턱대고 시작해 자생하지 못했기 때문이죠. 재래시장과 관련된 청년 정책도 이와 비슷한 문제를 겪지 않을까 생각이 들어요. 신중하게 사업 계획을 세워서 지원하는 게 현명하다고 생각해요.

아빠투툼몬　　　　우리가 여행을 가면 그곳에 특색 있는 재래시장을 방문하곤 하잖아요. 그런 곳이 하나의 관광 상품으로 자리 잡은 걸 볼 수 있는데, 이렇게 시장마다 각 시장의 특색을 잘 살려주는 사업으로 창업을 하고 운영하면 관광객 유치에도 도움이 될 거라고 생각해요. 이렇게 좀 큰 그림을 그리면서 접근해야 할 것 같아요. 주변 상권과도 어울리게, 너무 튀지 않지만 특색을 극대화해줄 수 있게.

제네시오몬　　　　맞아요. 그리고 기존 시민들을 위해서는 좀 더 차별화된 서비스를 제공하는 것이 도움이 되리라고 봐요. 가령, 요리 레시

피처럼 시장 레시피를 만들어서 손님들이 어떻게 장을 봐야할지 코스를 안내판 형식으로 제작하는 것도 이색적이고 재미있을 것 같아요.

끝까지 버티는 자가
진정한 승리자

한 가지 사물에 대해 명확히 알지 못하면서 많은 것을 알려고 하지 마라. - 묵자

어설프게 아는 것은 아는 것이 아닙니다. 배우고 물어서 대상의 핵심에 도달하여야 앎에 이른다고 할 것입니다. 우리도 함께 끝까지 파고들어볼까요?

아빠투룸몬　　　　얼마 전 동네를 돌아다니다가 수십 년씩 계속 장사를 하고 있는 식당들을 보면서 문득 어떻게 이렇게 사업을 오래할 수 있을까 하는 생각이 들었어요. 크진 않지만, 오래 사업을 유지하는 비결은 뭘까요?

참새몬　　　　예전에 창원에 있는 대원동에 살았는데 거기에도 80년대부터 지속되어온 중국집이 있어요. 나중에는 커져서 위치를 옮겼는데 지금도 손님들이 많더라구요.

아빠투룸몬　　　　그 식당 같은 경우 어떤 장수비결이 있던가요?

참새몬　　　　사실 중국집 자체가 업종의 특성상 다른 업종보다 사업 유지가 잘 되는 편인 것 같아요.

아빠투룸몬　　　　하긴 저도 어렸을 때 살던 동네에 가봤는데, 어렸을 때 있었던 중국집이 지금도 있더라구요.

참새몬　　　　요즘은 프랜차이즈가 생기긴 했지만, 중국집 같은 경우는 대기업 프랜차이즈보다는 동네 작은 개인 점포 위주로 운영이 되니까 리스크가 적은 편인 것 같아요. 과거에는 특별한 신메뉴가 작용하는 점포도 아니었구요. 사실 소문난 중국집 맛집들의 경우, 배달을 안 해도 찾아오는 식당같이 유명한 식당을 가보면 결국 맛이에요. 맛있으니까 일부러 찾아오는 거죠.

아빠투툼몬　　　맞아요. 그래도 요즘은 다른 요소들도 고객유치에 많이 작용하는 것 같아요. 아무래도 외식업 같은 경우는 주차장이 작용하기도 하더라구요. 가족끼리 외식하는 경우에는 그런 편의시설이 중요하죠.

젬베몬　　　요즘은 인테리어도 요즘은 큰 작용을 하는 것 같아요. 그리고 아까 홀서빙만 한다고 했는데, 그건 사실 다른 중식당과 차별화, 고급화를 보여주는 주인의 전략일 수 있어요. 차별화 전략도 잘 하면 괜찮은 것 같아요.

제네시오몬　　　지역적인 특색이나 상권도 무시할 수 없어요. 예전에 부산 살 때 자주가던 돼지국밥집이 있었어요. 부산의 돼지국밥집 하면 관광상품처럼 지역적 특색을 살린 상권이 형성되어 있잖아요. 최근에는 이게 오히려 수도권으로 진출해서 서울에도 돼지국밥집이 생기는 추세예요.

아빠투툼몬　　　맞아요. 상권도 중요하죠. 근데 그 상권 안에서도 잘 되는 집과 안 되는 집이 있어요. 그 차이는 뭘까요?

제네시오몬   제가 자주 갔던 돼지국밥집은 형식적인 친절함이 아닌 진정어린 관심과 친절함이 장점이었어요. 머리 스타일 바뀐 것도 알아보시더라구요. 50년 넘게 장수하신 비결이 아닌가 하는 생각이 들었어요. 요즘도 부산에서 공연하면 꼭 가서 먹어요. 지금도 가면 "총각 오랜만에 왔네." 하고 알아보세요. 그런 점이 단골을 많이 확보하는 비결 아닌 비결인 것 같아요.

아빠투툼몬   맞아요. 우리가 자주 가는 식당도 그렇잖아요. 갈 때마다 알아봐주시고 서비스도 주시고. 더운 날엔 수박도 잘라서 주시는데 그걸 또 많이 주세요.(웃음) 그리고 또 하나, 그 식당은 가격 경쟁력이 있어요. 1인분에 5천 원 대로 요즘 먹을 수 있는 식당이 없거든요. 얼마 전에 젬베몬을 데리고 간 식당이 있는데, 보리밥 뷔페에요. 90년대에 보리밥 뷔페가 유행한 적이 있었잖아요. 그 때 많이 생겼는데 지금은 싹 없어지고 한 군데만 남았더라구요. 제가 간 지역은. 근데 확실히 가격 경쟁력에 있어서 탁월했어요. 두 사람이 만 원을 내고 여러 종류의 밥, 나물들, 국수, 잡채, 불고기, 과일, 식혜 등등을 배불리 원하는 만큼 먹을 수 있어요. 어디 가서 그렇게 먹겠어요? 식기 반납은 셀프로 해서 인건비에서 절약을 하신 것 같더라구요. 사실 한 번 위기가 있었대요. 물가가 오르면서 중간에 가격을 7천원으로 올렸는데, 고객층이 동네 어르신들이다 보니까 비싸다고 안 와서 다시 내렸다고 하더라구요.

참새몬　　　　저희 어머니께서 한정식 집을 하셨는데, 만 원짜리 점심특선을 판매하셨어요. 근데 도저히 이윤이 맞지 않아서 만이천원으로 올렸는데, 그 2천원 때문에 손님이 대폭 줄더라구요.

아빠투툼몬　　　　가격이 주는 느낌도 큰 작용을 하는 것 같아요. 9천원과 만 원, 만원과 만 천원은 같은 천 원 차인데 느낌이 확 다르잖아요.

젬베몬　　　　그래서 처음부터 어떤 구성으로 서비스를 제공할 것인지, 대상층을 어떻게 할지, 가격을 어떻게 갈지 다 고려해서 가격 책정을 잘 하는 것도 중요해요.

제네시오몬　　　　사람들이 식비가 차지하는 비율이 높을수록 생활수준이 낮아진다고 해요. 이걸 엥겔지수라고 하잖아요. 지금 물가가 오르면 가격이 오르는 게 맞는데 가격이 조금 변동된다고 해서 고객이 많이 준다는 건 물가는 올랐지만 사람들의 생활수준은 나아지지 않았다는 걸 반증해주는 것 같아요.

참새몬　　　　식당하시는 분들이 정말 힘들어요. 가격에 맞추려면 반찬을 몇 개 줄여야 할 것 같은데, 그럼 손님이 불평하고. 직원들 월급은 또 오르고. 스트레스가 장난이 아니에요.

아빠투툼몬 그래서 요즘은 가격은 비싸게 하고 반찬 가짓수만 늘리는 식당도 많더라구요. 어떤 집은 가면 밥 먹으면서 한 번도 젓가락이 가지 않는 반찬도 많잖아요. 반찬 가짓수를 줄이고 가격을 낮춰 줬으면 싶더라구요.

제가 제일 맛있다고 생각하는 족발집이 있는데 김해에 먹자골목에 있는 족발집이에요. 족발집이 한 곳만 있는 건 아닌데 유독 그 집이 장사가 잘 돼요. 최근에 가니까 세 칸으로 가게를 터서 확장 장사를 하더라구요. 메뉴를 보면 앞다리 통째, 뒷다리 냉채, 뒷다리 양념 같이 식재료의 특색을 반영한 메뉴로 구성되어 있어요. 그리고 가게 분위기가 술을 부르는 분위기예요.

정리하면 기본적으로 족발이 너무 맛있고 센스있는 메뉴 개발, 장소나 가게 분위기가 다 잘 맞아 떨어진 곳이라고 봐요. 주차장도 없는데 정말 사람들이 많이 오거든요. 가격은 비싼데 고객 대상층 선정이나 전략을 잘 세운 것 같아요.

젬베몬 요식업 쪽 말고도 오래 사업을 유지하는 점포들이 있어요. 예전에 제가 고등학교 시절 만남의 장소로 핫한 곳이 있었어요. 오락실인데, 원래 두 곳이 있었는데 한 곳은 없어지고 한 곳은 아직 남아있어요. 그 당시에는 오락실 이름 대면서 "OOO앞에서 만나자." 하며 약속을 정할 정도로 유명했었죠. 지금은 그쪽 상권이 노화되고 가게나 게임기도 다 노화되었는데 아직도 남아있고 손님들도 꾸준히 있더라구요. 자세히 보니 관광객들이 많이 온다는 걸 알게 됐어요. 단순한 오락실에서 추억을 파는 가게로 전환이 된 거죠.

아빠투툼몬　　요즘은 전자오락실이라는 단어 자체도 생소하잖아요. 복고 열풍이 한 때 불었는데, 꾸준히 계속 되는 것 같아요. 오래방, 코인 노래방도 다시 인기잖아요. 근데 왜 한 오락실만 살아남았을까요?

젬베몬　　한 오락실은 거리 자체가 상권이 기울다보니까 다른 업종으로 빠지시거나 다른 상권으로 옮긴 것 같아요. 근데 지금 남아있는 오락실 사장님은 사장님 자체가 그냥 오래된 이 오락기로 오락하는 걸 즐기시더라구요. 손님이 없어도 구석에서 오락을 즐기시고.(웃음)

아빠투툼몬　　돈을 번다기 보다 결국 즐기는 게 중요하네요. 좋아서 하는 사람은 정말 이길 수가 없어요.

젬베몬　　맞아요. 그런데 그 기울어가는 상권이 주변 고서적이나 레코드 가게와 함께 자연스레 오래된 추억을 자극하는 골목으로 컨셉이 잡혀버리니까 그게 수입으로까지 이어지게 되는 것 같아요. 그리고 오락실 자체가 컨셉 잘 잡고 잘만 되면 괜찮은 장사예요. 다 현금으로 결제하기 때문에 그 부분에 있어서 장점도 있어요.

롱런하는 업종이 따로 있을까

지난 해 한 단체에서 업종별 창업 후 5년간 사업유지 비율을 발표했습니다.
이것에 의하면 2016년을 기준으로 했을 때, 헬스장, 마사지샵, 카페, 음식점, 미용
업종이 폐업하는 비율이 높은 반면에, 보육시설은 한 번 차리면 5년 이상 영업을
하는 비율이 57.4%, 인테리어업도 49.9%로 높은 사업 지속력을 보여 준다는 결과
가 나왔습니다.
이미 포화상태에 이른 업종의 경우 창업 시 어떤 부분을 차별화할지 전략을 잘 세
워야 하겠습니다.

아빠투툼몬　　결국 트렌드는 돌고 도는 것 같아요. 응답하라 시리

즈의 열풍 같이 말이죠. 사실 그래서 자신이 진짜 좋아하는 일을 하면

서 버티고 버티면 때가 돌아오는 것 같아요. 자기가 좋아하는 일이니

까 버틸 수 있구요.

《장사의 신》이라는 책을 보면 평상시 가게에서 생활할 때 주변 사람

들과의 관계, 손님들을 향한 친근한 서비스가 잘 이루어지면 장소가

좋지 않아도 사람들이 찾아온다고 하더라구요. 실제로 동네에 수십

년 동안 사업을 해오는 상인들을 보면 역시 진심을 통한다는 생각이

듭니다.

퀴즈로 정리해보는 창업 노하우 2

1. 몇 명이 모이면 협동조합 등록이 가능할까요?

2. 다음은 키워드 광고에 대한 설명입니다. 옳은 것에 o, 틀린 것에 x 표시
   해보세요.
   1) 내가 원하는 지역만 광고가 나갈 수 있게 지역을 제한할 수 있다.
   2) 보통 광고 클릭 수로 비용을 지불한다.
   3) 광고가 노출되는 위치를 마음대로 정할 수 없다.

3. 세금신고에 대한 설명 중 틀린 것을 고르세요.
   1) 신규 개인 사업자는 1사분기나 3사분기에 개업을 하면, 그 분기가 끝나
      는 달의 말일부터 25일 내에 신고를 한 번 더 해야 한다.
   2) 사업설비를 구입, 수출하는 경우라도 부가세를 조기에 환급받는 것
      은 불가능하다.
   3) 간이과세자의 경우 과세기간의 매출액이 2400만 원이 되지 않는 경우
      에는 부가세를 면제받을 수 있다.
   4) 일반과세자는 6개월에 한 번씩, 간이과세자는 1년에 한 번씩 부가세
      를 신고한다.
   5) 면세사업자들은 부가세에 해당사항이 없다.

4. 사업가로서 시간 관리를 잘 하기 위해 할 수 있는 노력으로 옳은 것을
   골라보세요.

   1) 일하는 곳과 쉬는 곳을 명확하게 구분한다.

   2) 일이 밀리는 사무실에서 야근하기보다 집으로 갖고 와 휴식을 취하
      며 일한다.

   3) 출퇴근 시간을 따로 정하지 않고 유연하게 활용한다.

   4) 평일 주말 가리지 않고 일을 하는 것이 좋다.

5. **적용문제** 자신이 홍보를 위해 활용하고 있는 인터넷 플랫폼을 써보세요.
   그것이 각각의 성격에 맞게 전략적으로 사용되고 있는지 고민해보고, 앞
   으로의 홍보 전략을 계획해보세요

정답
1. 5명
2. 1) o, 2) o, 3) x
3. 2)
4. 1)
5. 적용문제는 답이 없는, 직접 실천해볼 수 있게 제시된 활동 문제입니다. 해도 그만, 안 해도 그
만인 문제지만 생각으로만 그치지 말고 한 번 해보세요. 작은 것부터 시작하는 것이 중요합니다.

Chapter 3

창업, 그냥 즐기 CEO

상상도 못할 상상을 해보는 것도 좋아요.
내일 당장 죽는다고 생각을 하면 선택이 쉬워질 겁니다.
인생은 한번뿐이기 때문에
지금 하지 않으면 영원히 못 할 수도 있어요.

진라인의 상상은 현실이 된다

비앤플 공동대표 진지몬

아빠투툼몬　오늘은 스마트벤처창업학교에 입소한 청년사업가로 '비앤플'이라는 작은 스타트 업을 운영 중인 진지몬과 이야기를 나눠보려고 합니다. 안녕하세요? 근데 스마트벤처창업학교가 뭔가요?

진지몬　안녕하세요? 스마트벤처창업학교는 중소기업청에서 주관하는 프로그램으로 앱, 콘텐츠, SW융합분야 청년창업자들을 발굴하여 단계별로 사업화를 지원해주는 프로그램입니다.

아빠투툼몬　그렇군요. '비앤플'이라는 회사의 공동대표를 맡고 계시다고 했는데 대표님이 몇 분인가요?

진지몬　정확하게 대표는 두 명이고 내부, 외부로 나눠서 활동을 하고 있어요. 저는 외부에서는 영업이나 대외적인 활동을 하고 있고, 다른 대표님은 내부에서 구성원들과 같이 동고동락하는 역할을 맡고 있습니다.

참새몬　밖에서 영업을 하신다고 하셨는데 주로 영업을 하시면 어디를 다니면서 영업을 하시나요?

진지몬　　　　　개인적으로 보는 영업보다는 회사나 단체 쪽으로 B2B 사업을 진행하고 있어요.

제네시오몬　　　　'비앤플'이라는 회사는 어떤 회사인가요?

진지몬　　　　　회사 이름부터 설명을 해드리면 B는 Book이라는 뜻이에요. 출판업과 디자인업을 하는 회사고, 웹디자인부터 웹개발까지 하는 회사입니다. PLE는 세 가지 뜻이 있어요. platform for the playing people로, '책과 함께 하는 사람들이 어울려 노는 플랫폼'이라는 뜻입니다. 주 수익원은 출판업이에요.

젬베몬　　　　　출판업이라면 주로 서점을 상대로 영업을 하시는 건가요?

진지몬　　　　　서점을 노리고 있지만, 아직까지는 기관에서 출력물 의뢰가 들어오는 게 대부분이에요. 제본이라고 생각하면 이해하기 쉬울 것 같아요. 기업에서 출판 의뢰를 하는 이유가, 보통 1월쯤에 자신이 1년 동안 했던 작업을 카탈로그로 만들어요. 그 포트폴리오로 다시 영업을 해야 되기 때문인데, 그 외에도 학교에서 졸업앨범을 제작하는 것도 있구요. 학교에서 가장 영업이 잘 되는 분야는 교재 제작이에요. 기업의 사보도 출판 가능합니다.

아빠투툼몬　　　　개인출판이나 소량 출판도 가능한가요?

진지몬　　　　　개인출판도 가능해요. 한 권 이상 출판이 가능한 대신 단가가 올라가죠.

아빠투툼몬　　　　나만의 책을 만들고 싶은 사람도 '비앤플'을 찾으면 되

겠네요. 그런 식으로 주로 한 권, 두 권 책을 만들고 싶어 하는 고객들에
는 어떤 분들이 있나요?

진지몬　　　　　보통 커플들의 포토북이 많이 들어와요. 학생들이 자
신이 필기했던 것들로 책을 만들기도 하구요. 미술학도들은 자신들이 그
린 그림을 포트폴리오로 만들기도 합니다. 기업에서 매뉴얼을 만들고 싶
어서 의뢰하는 경우도 있죠.

참새몬　　　　　저도 '비앤플'과 공동작업도 했었는데요. 젊은 사람들
이 영업하는 출판사이다 보니 디자인이 세련되고 사진 같은 것도 앨범처
럼 꾸며줘서 굉장히 만족스러웠어요.

제네시오몬　　　　　여러 가지로 다재다능하신 것 같아요. 책에 있는 로고
도 직접 디자인하셨고 창창포럼의 포스터 디자인도 하셨죠. 디자인 실력
이 뛰어난 것 같아요.

진지몬　　　　　사실 제가 디자인을 전공하고 공부한 사람이 아니었
어요. 사업하시는 분들은 공감하시겠지만 돈이 된다면 뭐든지 하게 됩니
다. 그리고 디자인 분야가 수요는 많은데 사람이 많이 없다고 생각을 했
었어요. 어쩔 수 없이 배우게 되었죠. 회사가 기획, 디자인, 개발 파트로
크게 세 부분으로 나누어져 있는데, 바쁠 때는 다같이 일을 해요.

아빠투툼몬　　　　　'비앤플'을 한마디로 표현한다면 어떻게 이야기하고
싶나요?

진지몬　　　　　'자유로운 창작의 공간'이라고 이야기하고 싶어요. 만
들고 싶다는 의지만 있다면 저희를 만나시면 돼요. 뭐든지 현실이 됩니다.

참새몬   진지몬 님은 어떻게 사업을 시작하게 됐는지 궁금해요.

진지몬   저는 운동하는 것을 좋아하지 않는 편이에요. 그래서 집에 있으면 두 가지 밖에 하지 않는데요. 바로 컴퓨터와 독서. 그렇게 하다 보니 사람을 많이 만날 일이 없었어요. 그런데 학교 선배들이 어떻게 알고 찾아와서 사업을 같이 해보지 않겠냐고 제안을 했어요. 그렇게 교내 창업경진대회에서 상과 상금도 타게 되었고 그 돈으로 2년 전쯤에 '비앤플'이 아닌 다른 사업을 시작하게 되었는데, 3D프린터 사업이었죠. 그때의 트랜드가 해외직구였어요. 그래서 이 두 가지를 섞어보자고 생각한 후 실행했던 것이, 중국에는 3D프린터가 굉장히 저렴했거든요. 그래서 100만원에 사들여 300만원에 팔았죠. 쉽게 말하면 무역을 한 거예요.

아빠투툼몬   주 고객층은 어디였나요?

진지몬   제가 사람 대 사람으로 영업하는 것을 어려워하는 성격이에요. 그 당시에는 3D프린터가 교육 쪽에서 많이 사용이 되었기 때문에 그 쪽으로 주로 영업을 했어요.

아빠투툼몬   진지몬 님은 주로 관공서나 학교에서 주로 영업을 하는 것 같네요. 그래서 3D프린터로 돈은 많이 벌었나요?

진지몬   돈은 많이 벌었지만 고생한 만큼은 벌지 못했어요. 결국에는 돈 때문에 멀어지게 되었죠. 3D프린터가 어느 정도 우리나라에 보급이 되어서 단가가 맞지 않는 문제가 있었고 우리가 가지고 있던 재고를 정리하자와 유지하자는 의견으로도 다투게 되었어요. 여러 가지 일로 사업을 그만두게 되었죠. 그래서 동업을 준비하는 분들에게 한마디 드리고 싶은 이야기가 있어요. 동업을 하게 된다면 지분문제를 깔끔하게 해야 합니다. 업무분담도 마찬가지구요. 그렇지 않으면 돈을 벌기 시작하면서 싸우게 되고 회사가 나눠져 버립니다.

아빠투툼몬 그래서 웬만하면 동업을 하지 말라고들 하죠. 그만큼 동업이 쉬운 것이 아니라는 것인데, 분명히 잘하는 사람이 있어요. LG그룹이 50년 이상 동업을 했지만 아들 세대로 넘어가면 힘들어질 수도 있으니 정리를 하자고 해서 지금은 GS와 LG로 분리를 했죠. 어떻게 협의하느냐가 중요한 것 같아요. 그럼 동업을 하면서 느낀 장점은 없었나요?

진지몬 대표들은 직원들에게 사업에 대해 미주알고주알 다 이야기하기 어려워요. 직원들의 신뢰를 바탕으로 사업체를 운영해야 하기 때문이죠. 설사 회사가 어려워도 쉽사리 말할 수가 없어요. 그런 부분에서 동업의 제일 좋은 점은 그 입장을 가장 잘 이해해줄 수 있는 사람이 있다는 겁니다. 정말 힘들 때 같이 줄 수 있는 사람도 정말 중요한 것 같아요. 혼자서 일하는 것보다 의지는 됩니다.

아빠투툼몬 3D프린터 사업을 정리하면서 창업을 그만둘 수도 있었을 텐데요.

진지몬 3D프린터 사업을 딱 1년을 했어요. 그 일 이후 암흑기로 접어들었죠. 그리고 1년 동안 공부를 계속하다가 우연히 다른 사람을 만나게 되었는데 그 사람으로 인해서 창창포럼까지 나오게 되었어요. 그 후 학교를 다니면서 사업을 했죠. 그때 사업이 잘 됐다면 아마 학교를 그만뒀을 것 같아요.

참새몬　　　　　지금 창업과 학업의 갈림길에서 고민하는 분들이 있을 수 있는데 그럴 때 어떤 말을 해주고 싶나요?

진지몬　　　　　제가 사업에 뛰어든 계기는 생활비를 벌기 위해서였어요. 만약 창업과 학업의 갈림길에서 고민하고 있는 분이 있다면, 어떤 쪽이 더 후회가 없을까 라는 질문을 해보는 것이 필요하다고 생각해요. 사업을 하면 학생들은 자신이 가져왔던 인간관계들이 많이 단절되고 학점 관리 부분도 잘 이루어지지 못하거든요. 정답은 없는 것 같아요.

아빠투툼몬　　　　　일 년 정도 암흑기를 거쳤다고요?

진지몬　　　　　원래 전공은 경영학과인데, 한우물만 파자라는 마음으로 전공 공부만 하다가 우연히 드림트레커 대표인 휜몬을 만나게 되었어요. 휜몬이 진행하는 모임이 있었는데 제가 페이스북으로 연락을 하게 되었고 그 모임에 참여하게 되었죠. 그러던 중 휜몬이 창업에 관심이 있는 청년이 한 명 있는데 한번 만나보는 것이 어떻겠냐는 제의를 해왔고 만났는데, 일이 잘 되겠다는 생각이 들었어요. 그렇게 셋이 창창포럼을 만들게 되었죠.

참새몬　　　　　지금까지 창업을 두 번 했는데 창업을 하면서 어려웠던 점이 있었나요?

진지몬　　　　　저는 창업을 제 자본으로 하지 않았어요. 스마트 벤처 창업학교에 입사한 것도 행운이라고 생각해요. 처음에 공모전을 할 때 지금 같이 일하는 친구와 같이 하게 되었는데, 이것이 생각보다 잘 되었어요. 그래서 돈이 생겼고 욕심이 생겼어요. 그렇게 회사를 차리게 되었고 다른 사람들과 네트워크가 형성되면서 도움을 많이 받았죠. 사업은 자기 돈으로 해야 책임감이 생기지 않냐는 말을 많이 듣는데요. 저는 조금 다르게 생각하는 게 내가 이룬 성과는 내가 믿어줘야 해요. 내가 세금으로 일을 하는 만큼 사람을 고용해야 겠다고 생각했어요. 그것이 제가 지원받은 세금을 돌려주는 방법이라고 생각했어요. 두 번째로 실패를 거치면서 조금 더 잘 해보고 싶었던 것이나 재밌게 해보고 싶었던 것들을 지금이 마지막 기회일 수도 있으니 다시 한 번 해보자는 생각을 했어요. 그렇게 진행된 사업이 지금의 '비앤플'이고 다행히 잘 되고 있어요.

아빠투툼몬　　　　　저도 일을 그만둔 후 아산에 있는 창업경진대회 설명회에 간 적이 있어요. 그때 들었던 말이 '투자는 결국에 빚이다. 내 돈이 아니라는 생각으로 실패를 해도 별거 아니라는 생각을 가지는 사람이 있지만 평생 그것이 자신의 꼬리표로 따라다니게 된다. 그래서 투자금에 대한 책임감을 가지고 일을 해야 한다.'는 거였어요. 진지몬의 이야기에 동감이 가네요. 창업경진대회는 어떻게 접근을 해야 하나요?

진지몬　　　　　아무것도 모르는 사람들이 도전하는 것을 정말로 권장합니다. 아무것도 모르기 때문에 그 시작에 대한 맹점을 찾을 수 있다고 생각해요. 작게는 학교에서, 크게는 기관에서 좀 더 크게는 도에서 주최를 하는 것이 있는데 작은 곳에서부터 올라가는 것을 추천합니다. 창업경진대회가 좋은 것이 투자자를 접할 기회가 많아져요. 그분들에게 어필할 수 있는 자기만의 필살기를 만들어야 해요. 아이디어만 가지고 있어서는 힘들고 그것을 구체화해줄 수 있는 팀원들을 만나는 것이 좋습니다.

젬베몬　　　　요즘은 상금만 노리고 대회에 나가는 사람들이 있다고 하는데, 올바른 방향은 아니죠.

진지몬　　　　맞아요. 정말 필요한 사람들이 받아야 할 기회를 상금 때문에 나온 잘난 사람들이 가져가 버리면 안 되잖아요. 사업에 대한 비전과 꿈이 있는 사람들이 혜택을 받을 수 있어야 해요. 그래서 요즘은 타 대회에서 상을 타면 상을 주지 않는 식의 조건이 생기는 대회도 있다고 합니다.

아빠투툼몬　　　　창업을 꿈꾸고 있는 후배들에게 해주고 싶은 말이 있나요?

진지몬　　　　정말 좋은 아이디어를 가지고 있더라도 가지고만 있으면 세상은 그것을 몰라줍니다. 혼자서만 생각을 하지 말고 다른 사람들과 같이 고민해야 합니다.

아빠투툼몬　　　　대한민국 사회에서 '비앤플'의 목적과 역할은 무엇이라고 생각하세요?

진지몬　　　　요새는 책조차 읽지 않는 사람들이 많은 책이 없는 시대입니다. 그러나 그 사람들 개개인을 바라보면 각자 하고 싶은 이야기, 기록으로 남기고 싶은 것들이 다 있어요. 이런 것들을 모아서 모두가, 자유롭게 작가가 될 수 있도록 해주는 출판사가 되는 것이 '비앤플'이 존재하는 이유라고 자부해요.

무엇이든지 생각하고 있는 것이 있으시다면 결국 그것이 사업이 되고 내 행복이 될 수 있습니다. 응원하겠습니다.

너네들이 상상도 할 수 없는 걸
표현해봐

드림트레커 대표 흰몬

아빠투툼몬　　앞서 소개되었던 진지몬과의 인터뷰에서도 한 번 등장했었던 드림트레커 대표 흰몬과 이야기를 나눠보겠습니다. 안녕하세요?

참새몬　　드림트레커가 뭔가요?

흰몬　　드림트레커는 '누구나 본인이 꿈꾸는 삶을 살아갈 수 있다'라는 전제 하에 한 달에 한 번씩이라도 생각하면서 잊었던 꿈들을 찾고 그것들을 실현해보자는 취지로 만든 회사입니다. 사람들의 이야기를 들으면서 조금씩 도전을 가지고 자신의 삶이 헛된 삶이 아니라는 것을 느끼기를 바라는 마음으로 시작하게 되었죠. 저는 늘 열심히 살았지만 행복하지 않았어요. 그래서 내가 하고 싶고, 좋아하는 것은 무엇일까 생각하다가 아프리카로 떠났죠. 거기서 2년 동안 행복이란 무엇일까에 대해 고민을 하다가 일상이 주는 행복이 꾸준한 행복을 주겠다는 생각을 했어요.

제가 트레킹하는 것을 좋아하는데요. 트레킹은 가이드가 있긴 하지만 결국에는 정해진 길이 아니라 자신의 길을 찾아가는 거거든요. 우리나라는 유명하고 편한 직업들을 따라가죠. 저는 자신이 정말로 잘하고 좋아하는 것은 각자의 가치관에 따라 달라진다고 생각해요. 그래서 자신만의 꿈을 찾자는 의미에서 드림트레커라는 이름을 짓게 되었습니다.

젬베몬　　　　드림트레커에서는 꿈을 찾고 싶어 하는 사람들을 모아서 유익한 강의를 진행하고 있는데, 이런 사업의 구상도 아프리카에서 한 건가요?

흰몬　　　　아니에요. 한국에 돌아와서 우리가 우리의 삶에 대해서 많이 생각하지 않기 때문에 그 삶의 의미를 깨닫지 못한다는 결론의 책을 읽고 강연이 필요하겠다는 생각을 하게 되었어요. 그렇게 커리큘럼을 짜면서 어떻게 잘 설명할 수 있을지 책들도 많이 찾아보고 인터넷에 있는 강연들도 많이 들어봤죠.

아빠투툼몬　　　　이 일을 시작하면서 사람이 진짜로 올까? 하는 걱정은 안 했나요?

흰몬　　　　걱정은 됐지만 '젊으니까 해보지 뭐'라고 생각했어요. 서른이 되기 전에 의미 있는 일을 해보자 생각을 하고 아프리카도 갔던 것이 때문에, 내가 누군가에게 의미를 전달해줄 만한 가치가 있는 사람인가 아니면 내가 지금 더 배워야 하는 입장인가 생각했을 때 그때가 아니면 아무것도 못할 것 .

아빠투툼몬　　　　어떤 사람들이 드림트레커에 오면 좋은가요?

흰몬　　　　삶에 지친 사람들, 현실에 치여서 꿈을 잃은 사람들, 다시 힘을 내고 싶은 사람들이 오면 좋을 것 같아요. 지난 번 강연에는 그

자리에 10대와 50대가 한 자리에 있었어요. 그 모습을 보면서 꿈이란 것은 나이가 상관이 없구나, 누구나 꿈을 꾸고 꿈을 이루면서 행복하게 살아가야 되는구나 하는 생각을 했습니다. 종종 오해를 하시는데 꿈이라고 하면 도전의 의미가 강해서 모든 것을 포기하고 달려가야 된다고 생각을 하는데, 사실 평생 이루고자 하는 가치가 꿈이 아닐까 생각해요.

4,50대 분들은 청년들이 꿈을 꾸는 것을 보고 새로운 도전을 하십니다. 청년들은 본인이 가지고 있는 꿈들을 이야기하면서 스스로 동기부여를 하죠. 청년들은 지금 꿈꾸고 있는 것이 맞는 건지 어떻게 이것을 이루어 갈지에 대해서 고민을 하고, 서로 조언을 해주면서 전 세대가 함께 시너지효과를 이루는 것 같아요.

참새몬　　　여기저기 강연을 다니면서 겪었던 다양한 에피소드가 있을 것 같아요.

흰몬　　　놀이터에서 드림콘서트를 한 적이 있어요. 어른들과 아이들에게 꿈이 무엇인지 물어봤었는데, 그 때 어른들은 꿈이 참 없구나 라는 생각을 했어요. 어른들이 꿈이 없는 사회를 살아가면 아이들도 결국에는 꿈이 없는 사회를 살아갈 수밖에 없겠구나, 그래서 아이들이 꿈을 꾸게 해주려면 어른들도 꿈을 꿔야 겠구나 라고 생각했어요.

아빠투툼몬　　　흰몬은 학창시절에 꿈이 있었나요?

흰몬　　　저는 어릴 때 성악가가 꿈이었어요. 한의사, 간호사와 같이 사람을 치유하고 싶은 마음도 있었구요. 제약회사에 개발팀에서 일을 했었는데 우리나라에는 신약이 없어서 카피만 하다 보니 스스로 의미

없는 일이라는 생각이 들었어요.

저는 미국학회지에 논문도 냈었던 과학자이기도 한데요. 과학은 무언가 가설을 세우고 그것에 대한 실험을 해서 결과를 도출해서 다시 피드백을 하는 것이죠. 이것은 어떻게 보면 마케팅과 연결되더라구요. 삶에서 모든 것은 다 연계가 되어서 어떠한 경험이든 버릴 것이 없다고 생각해요. 지금 내가 쓸데없어 보이는 일을 하더라도 언젠가는 도움이 될 거예요.

젬베몬　　　　아프리카에서 가장 기억에 남았던 것은 뭔가요?

흰몬　　　　제가 사는 동네에서 학교까지 8km나 떨어져 있었어요. 그 곳에 학생들이 돈을 벌기 위해서 자전거로 택시를 하는데, 한국 돈으로 차비가 300원 정도 해요. 삐쩍 마른 아이가 나를 태우고 땀을 흘리면서 자전거 페달을 밟는데요. 그 아이에게 지금 행복하냐고 묻자 행복하다고 대답을 하더라구요. 밥도 안 먹었는데 배가 고파도 행복하다고 했어요. 내가 준 돈으로 밥을 먹을 거라서 행복하다고. 가장 행복한 것은 무엇인지 물었더니 아이는 자전거를 타는 것이 가장 행복하다고 답했어요. 그 대답을 듣고 주어진 것에 감사하지 않고 무엇인가를 얻어야만 행복할 것이라고 생각을 해왔던 스스로를 돌아보게 되더라구요. 굳이 이런 경험이 아니더라도 하루 삶 중에 어느 정도 생각을 할 여유만 있다면 당연히 행복을 찾을 수 있다고 생각해요.

아빠투툼몬　　　　행복해지기를 바라는 사람들이 행복하지 않은 사람들에게 어떻게 깨우침을 줄 수 있을까요?

흰몬　　　　우리가 지금은 별 것 아니지만 행복하다는 것을 생각할 수 있게끔 질문을 던져 주는게 우리가 할 수 있는 일이라고 생각해요. 진짜로 자신의 가치 속에서 원하는 것이 무엇인지를 한번 생각해보고 무엇 때문에 그렇게 열심히 사는지, 왜 지금 행복하지 않은지를 물어보는 것이 필요해요. 행복하지 않은 이유를 생각하다 보면 의외로 심각하지 않은 이유일 수도 있거든요. 우선순위를 어디에 두느냐에 따라서 가치를 찾을 수 있거든요. 제가 다니던 제약회사는 일도 많지 않고 평생직장으로 하기에 좋았지만 저에겐 꿈이 있었기 때문에 그곳은 지옥이었어요.

아빠투툼몬　　　　마지막으로 듣고 있는 청취자 분들께 한 마디 해주세요.

흰몬　　　　제가 드림트레커를 시작할 때와 마찬가지로 자신이 어떤 것에 관심이 있고, 어떤 것을 문제라고 생각하고, 어떤 것에 끌리는지에 대해 깊이 있게 생각하다보면 그것이 가치 있는 창업아이템이 될 수도 있지 않을까 생각해요.

상상도 못할 상상을 해보는 것도 좋아요. 선택에 고민이 많으신 분들은 내일 당장 죽는다고 생각을 하면 선택이 쉬워질 겁니다. 인생은 한번뿐이기 때문에 지금 하지 않으면 영원히 못 할 수도 있어요.

구미 청년CEO의 아이돌
'나인몬'이 창업몬에 떴다

나인랩스 대표 나인몬

아빠투툼몬　나인랩스의 대표 나인몬을 모셨습니다. 간단히 소개 부탁드려요.

나인몬　안녕하세요? 나인랩스는 3D 프린터기 회사이고 주로 기술컨설팅을 하는 회사입니다.

젬베몬　3D 프린터기 회사라고 했는데, 자세한 설명 부탁드려요.

나인몬　대중매체에서 3D프린터에 대한 이야기가 많이 나와서 우리도 구매를 해봤는데 너무 불량률도 높고 속도가 느려서 직접 개발을 하게 되었어요. 3D프린터를 응용하면 다양한 직업들이 생겨날 거라고 생각해요. 요즘은 사출금융회사에서 문의가 많이 들어와요. 원래는 시제품을 만들려면 일주일 넘게 걸리던 일이 3일 이내로 만들 수 있게 되었죠. 다품종 소량생산에 유리합니다.

제네시오몬　맞아요. 개인용 3D프린트기도 생겨서 마술사들이 생각만 했던 마술 도구들을 만들어서 판매하고 있어요.

참새몬　원래는 공장에서 일을 하셨던 걸로 알고 있어요. 이렇게 창업하게 되셨는지 궁금해요.

나인몬　　　　10여 년 전 공장에서 일을 하고 퇴직을 했는데 여러 곳에서 스카웃 제의를 받았습니다. 그 중에 끝까지 오라고 하던 회사가 있었어요. 가장 일이 힘들고 가장 월급이 적고 가장 비전이 없어 보이는 회사였는데 나를 알아봐주는 회사라는 생각에 회사를 크게 만들어보자는 마음으로 입사를 하게 되었어요. 그리고 그 회사를 컴퓨터 계열에서는 유명하게 만들었고 미국으로 제품을 수출하고, 대기업에 납품도 하고 해외에 전시회도 많이 나가는 기업으로 성장시키는 데 일조했어요. 그 때 아버지가 아프시게 되면서 본의 아니게 퇴직을 하게 되었습니다. 처음엔 3D프린트기로 일을 할 생각은 없었어요. 세상은 빠르게 변하는데 하나만을 가지고 일을 한다는 것만큼 위험한 게 없다고 생각했어요. 출장을 다니다보면 좋은 회사들을 많이 만나게 됩니다. 그래서 그런 회사들의 장점을 믹스한 회사를 만들어보고 싶었어요.

참새몬　　　　인테리어도 직접 하신다는 얘기를 들었는데, 일의 업무능력과 인테리어가 상관관계가 있다고 생각하세요?

나인몬　　　　귤을 남쪽에 심으면 귤이지만 북쪽에 심으면 탱자가 된다는 말이 있듯이 사람들도 자기 자신을 어디에 두느냐에 따라서 유능한 사람이 될 수도 있고 유능하지 않은 사람이 될 수도 있다고 생각해요. 우리 회사의 경우 음료수 냉장고에는 항상 음료수와 여러 가지 종류의 술이 구비되어있고 밥도 직접 해먹기도 해요. 그만큼 자유로운 분위기에서 일을 합니다.

제 회사의 모토는 사람은 사람으로 봐주는 회사입니다. 안 그러는 회사들도 많겠지만 제가 일했던 회사들은 대부분 사람을 소모품으로 생각하곤 했어요. 그리고 사람을 사람으로 대해주면 그만큼의 일을 해줄 수 있지만 나를 기계 부품으로 밖에 대우를 해주지 않으면 그만큼의 일밖에 못한다고 생각해요.

아빠투툼몬　　창업 준비하는 데 어느 정도 기간이 걸렸나요?

나인몬　　2014년 10월에 퇴직을 하고 11월부터 사무실을 운영을 했습니다. 아버지께서 편찮으셨을 때 제가 계획했던 것들을 얼른 더 빨리 시작을 해야겠다는 생각이 불현듯 들었어요.

이전 회사에서는 그 당시에 사장님이 바쁘셔서 주로 총괄하는 업무를 했었어요. 개발, 기획, 영업과 마케팅과 관련된 일을 많이 배우게 되었죠. 경영하는 것 빼고는 다 배웠으니까요.

지금 회사에서는 주로 3D프린터 개발을 하고 있지만 이것에만 매달리고 있지는 않아요. 다른 여러 가지 일도 해보려고 해요. 속된 말로 제조업계의 김밥천국이라고 불리기도 해요.

그리고 우리 회사는 새로 시작하는 창업자들에게는 무료로 서비스를 제공합니다. 제가 생각하는 가격의 평등은 높은 가치로 쓰실 수 있는 분들에게는 돈을 많이 받지만 높은 가치로 쓰실 수 없는 분들에게는 그만큼의 값을 받을 수 없다는 것입니다.

아빠투툼몬　　바이어들끼리 단가가 오픈이 될 수도 있을 텐데 문제가 되지는 않나요?

나인몬　　　　바이어들이 하는 품목이 다 달라서 괜찮습니다. 유사 업종일 경우에는 우리는 다 오픈하고 말합니다. 그리고 비싼 가격에 우리의 제품을 구매하시는 분들이 불만을 가지고 항의를 하실 수도 있지만 우리가 생각하는 평등은 그것이기 때문에 어쩔 수가 없어요.

다른 사람 밑에서 오래 일을 해본 결과 부당한 일을 많이 겪었어요. 다른 회사가 봤을 때 닮고 싶은 회사로 만들고 싶어요. 회사 식구들의 복지도 좋게 해주고 돈도 많이 주고 싶구요.

아빠투툼몬　　　　구미 청년 창업 CEO에 대해서 이야기를 나눠볼까요?

나인몬　　　　구미 전자정보기술원에서 지원하는 사업이 있어요. 구미 청년 창업 CEO라고 매달 개발비 같은 비용을 청년 창업가들에게 주는 제도입니다. 창업 초기에는 돈이 많이 없었는데 지인의 소개로 지원을 하게 되었어요. 다행히도 합격했고 매달 지원금을 80만원씩 받게 되어서 프린트기 제작에 도움이 되었었죠.

그런데서 해주는 교육들도 있어요. 창업자가 알아야 하는 세무상식, 마케팅 각 분야의 전문가들을 초빙해서 인터넷에서는 나오지 않는 그런 내용들을 실시간으로 물어보면 대답도 해주시니까 돈으로 따질 수 없는 도움이 되는 것 같아요.

젬베몬　　　　직원 복지에 대해 많이 생각하고 애쓰시는 것 같아요. 사업자로서 쉽지 않을 텐데, 수익은 잘 이루어지고 있나요?

나인몬　　　　이 치열한 사회에서 끝까지 살아남는 사람이 역사를 쓰는 것이라고 생각해요. 사업을 하고 많이 벌지는 못 했지만 부인의 차를 바꿔주었고 부모님에게 집을 선물해 드렸어요. 물론 다 할부지만. 이제는 회사 식구들도 렌트차이지만 좋은 차를 타게 해주고 싶어요. 웬만하면 권한과 자율성을 많이 주는 것이 최대의 복지라고 생각해요

제네시오몬   창업을 준비중인 사람들에게 해주고픈 조언이 있다면요?

나인몬   자신이 창업을 할 사람인지 아닌지를 제일 먼저 생각하셔야 합니다. 다른 사람 밑에서 일을 못하는 사람이 창업을 해야 해요. 나 혼자 성공을 할 사람인지, 무리를 이끌고 성공을 할 사람인지, 누군가를 도와서 같이 성공을 할 사람인지 잘 생각해야 합니다. 그것으로 자영업과 사업을 구분할 수 있어요.

창업을 시작했을 때 도움을 많이 주신 거래처 사장님이 하신 말씀이 창업을 해보면 그 전에 직장생활을 어떻게 했는지 알 수 있다고 하셨어요. 제가 생각했을 때 저는 직장생활을 제대로 했다고 생각을 하지 않았는데 주변에 좋은 사람들이 많아서 많은 도움을 받고 성장했어요. 그만큼 주변 사람들을 잘 챙겨야 나중에 나에게도 돌아옵니다.

사업은 자기 수양이 필요한 일이이에요. 제일 당부 드리고 싶은 말은 욕심을 버려야 한다는 겁니다. 기대가 낮으면 실망하는 것도 없어집니다. 안 돼도 웃고 잘 돼도 웃고 항상 기분 좋게 일을 해야 해요. 그래야 같이 일을 하는 사람들도 더 힘을 낼 수 있습니다.

창업할 때 필요한 것?
마음가짐 하나뿐!

이노엡 대표 글로몬

아빠투툼몬　　　오늘은 창원에 거주하면서 이노엡을 운영하고 있는 글로몬을 모셨습니다. 자기소개 부탁드려요.

글로몬　　　안녕하세요? 이노엡이라는 회사를 운영하고 있는 글로몬입니다. 현재는 회사에서 '옴니글로'라는 글쓰기 플랫폼을 운영하고 있습니다. 옴니글로는 전 세상, 세상의 모든 것이란 의미를 가진 과학적 용어 '옴니'와 순수 한글말 '글로'가 합쳐진 말로, 세상의 모든 것을 글로 표현하고 싶은 사람들의 모임이라는 뜻입니다.

제네시오몬　　　어떻게 창업을 하게 되셨나요?

글로몬　　　창업에 대한 생각은 대학생 때부터 있었지만 대부분이 그렇듯이 막연했어요. 졸업 전에 운 좋게 취업이 되서 5년 정도 직장 생활을 하다가 결혼을 하고 육아도 하면서 직장을 그만두게 되었죠. 현실적으로 출산을 하면 여자들은 복직을 하기 힘들어요. 그 시기에 굉장히 많은 고민을 했습니다. 고민 끝에 이노엡이라는 회사를 창업했어요. 창업 당시에 부푼 꿈을 가지고 이름을 지었었죠. 영어의 약자를 썼는데 native

세상을 살아가는 사람들, 다음 세대까지도 이어질 수 있는 IT서비스를 해보자는 의미를 담고 있어요.

참새몬　　　　창업을 시작하기 위한 자금도 필요하고 수익구조가 안정적이 되기까지 회사를 유지하기도 쉬운 일이 아닌데 어떻게 회사를 운영하셨는지 궁금해요.

글로몬　　　　처음 창업을 했을 때는 누구나 그렇겠지만 저도 경제적인 어려움에 처했어요. 퇴직금을 받을 만큼의 좋은 회사를 다닌 것도 아니라서 일을 할 수 있는 노트북 하나만 가지고 일을 시작했거든요. 그때 구원의 손길이 있었는데 그게 바로 경남 청년창업가 아카데미에서 창업보육지원사업이었어요. 창업을 할 수 있을까 하는 절망감에 휩싸여 있었는데 창업자를 모집한다는 현수막을 보게 되었고 무턱대고 지원했죠.

아빠투툼몬　　　　옴니글로가 브런치와 비슷한 포맷인 것 같은데, 차별점이나 전략이 있나요?

글로몬　　　　모든 서비스라는 것이 경쟁자가 없을 수는 없어요. 창업가분들이 딜레마에 빠지는 것이 세상에 없는 아이템을 개발해야만 살아남을 수 있다고 생각을 합니다. 하지만 그런 아이템은 거의 없어요. 우리 회사만 봐도 대기업에서 운영하는 서비스와 유사하다고 볼 수 있어요. 대기업의 시장이 90%를 가지고 있다면 그 중에 대기업이 담아내지 못하는 10%의 시장도 있을 것 아니겠어요? 우리는 그 10%의 마니아층에 탄탄하게 시장을 형성해도 그 제품이 무너지지 않아요. 처음부터 100% 시장을 잡으려고 뛰어들면 답이 없어요. 그들의 마케팅 전략과 기술, 인력,

돈으로는 경쟁 상대가 될 수 없거든요. 그들의 시장 전체를 놓고 경쟁을 하겠다고 하면 안 됩니다. 우리가 할 수 있는 역량 내에서 우리가 잡을 수 있는 시장이 있는데, 그걸 찾는 게 우선시 되어야 해요.

참새몬　　　　대기업에서 '브런치'를 론칭하는 것을 지켜봤을 텐데 어떻게 평가하세요?

글로몬　　　　글 쓰는 사람들을 흡수시켰던 서비스는 주로 블로그였어요. 블로그 자체도 큰 시장이죠. 그 기업에서도 블로그를 이용하는 사람들을 해산시키지 않고 그대로 더 나은 차원의 서비스를 만들어야겠다는 고민을 했을 거예요. 우리 관점에서는 브런치는 블로그에서 다 수행하지 못했던 요구조건을 흡수해서 잘 성장하고 있는 것 같아요.

브런치에 합류에서 글을 쓰시는 작가들은 흔히 이름이 나있는 작가들이에요. 서비스를 준비하는 과정에서 이런 분들의 섭외가 되지 않았을까 생각이 들어요. 그렇다보니 브런치를 이용하는 사람들이 그분들이 쓰는 필력을 쫓아가려고 애쓰구요. 그 결과 고퀄리티의 글이 나오는 것 같아요.

아빠투툼몬　　　　옴니글로를 오픈하고 회원이 많이 생겼나요?

글로몬　　　　온라인 미디어 언론사에 기사가 나가고 지인들에게 홍보 메일을 보냈어요. 사이트를 오픈하기 전에 좋은 생각도 들었다가 안 좋은 생각도 들었다가 하더라구요. 그런데 첫 출발은 생각보다 순조로워서 놀랐어요. 글을 쓰는 서비스가 많은데도 불구하고 일주일 정도 만에 회원이 120명이 되었어요.

아빠투툼몬　　　　이노엡에서는 옴니글로 말고 원래의 일도 계속해서 하고 있나요?

글로몬   아직까지는 같이 하고 있지만 차차 줄여나가려고 해요. 그래야 회사가 금전적으로 유지가 될 것 같아요. 옴니글로는 투자를 받지는 않았고 두 가지의 유입경로가 있었어요. 하나는 이 서비스를 만들기 위해 비축해두었던 돈이구요. 두 번째는 아렌티 국책과제를 수행하게 된 거예요. 적재적소에 지원사업을 할 수 있게 되어서 그 일로 인해서 개발에 활력이 불어졌어요. 타이밍이 좋았죠.

아빠투툼몬   120명의 회원들 중에 작가는 얼마나 있나요?

글로몬   대부분 작가들이에요. 회원 성향 자체가 작가인 분들만 가입을 해서 글을 쓰세요. 저희 서비스 특징이 책을 내기 전에 독자들과 미리 소통하고 싶은 사람들이 쓰는 서비스라고 계속 내세우고 있어요. 그 슬로건을 내세운 이유가 대부분의 사람들이 예전에는 글을 쓰려는 욕구가 강했다면 이제는 쓰는 것에 그치는 것이 아니라 책으로 만들고 싶어 하거든요. 글을 쓰는 작업과 책을 출판하는 중간단계에서 요구하는 사항들이 있는데, 그 중 하나가 '과연 내가 쓴 글을 사람들이 좋아해줄까' '책을 산다면 누가 살까' 라는 고민이에요. 그런 것을 우리 사이트에서 분석해줍니다.

우리 사이트는 '소장가치누르기'가 있어요. '좋아요'는 단순히 글이 좋다는 의미라면 이것은 이 글이 책으로 나왔을 때 구매할 의사가 있다는 거예요. 해당 작가는 누가 나에게 소장가치를 눌렀는지 확인할 수 있구요. 책으로 출판을 했을 경우 소장가치를 누른 분들에게 먼저 판매도 해드리는 유통과정도 책임지고 있어서 이런 부분에서 메리트를 느끼는 것 같아요. 우리가 출판을 안해도 출판사에서 작가들에게 출판제의를 하기도 하는데 그때 다리 역할도 해드립니다.

아빠투툼몬　　　옴니글로는 어떻게 수익을 내나요?

글로몬　　　지금은 수익모델이 없어요. 플랫폼이 처음부터 수익을 낸다는 것 자체가 말이 안 되는 일이에요. 여러 가지 아이디어가 나왔지만 아직은 못 정했어요. 옴니글로에 모이는 작가들과도 의논을 해야 하는 부분인 것 같아요. 우리가 수익을 낸다기 보다는 글을 쓰는 작가에게 어떻게 실질적인 수익을 만들어줄 수 있을지가 더 고민이에요. 돈 걱정이 되지만 지금은 이런 서비스를 제공하는 것이 너무 즐거워요. 아버지가 지방에서 이름 없는 작가로 활동을 하셔서 작가들의 고충을 너무 잘 알거든요.

아빠투툼몬　　　창업을 준비하는 분들에게 어떤 것을 준비하면 좋을지 말씀해주세요.

글로몬　　　돈보다 중요한 것은 마음의 준비예요. 창업이 도피처가 되어서는 안 됩니다. 창업을 하게 되면 내가 대표가 되니깐 시간을 마음대로 쓸 수 있고 직원들을 부릴 수 있다고 환상을 가지지만 대표가 오히려 직원들 눈치를 많이 보고 할 일도 많아지고 시간도 없어져요. 그리고 현재 다니는 직장이 있다면 그 곳에서 사장이 되는 연습을 하고 나왔으면 좋겠어요. 마지막으로, 끓어 오르는 열정에 주체를 못할 때 창업을 하는 것이 좋다고 말씀드리고 싶어요.

재미있게 배우는 법률상식!
공부해서 돈 아끼자

굿브랜즈 대표 상표몬

아빠투툼몬　　　오늘의 게스트는 굿브랜즈의 대표이신 상표몬입니다. 안녕하세요? 소개 부탁드려요.

상표몬　　　안녕하세요? 저는 11년차 변리사이고, 작년에 창업을 했어요. 상표등록서비스와 상표거래서비스를 다루는 마크인포라는 서비스를 작년 10월에 오픈했습니다. 아직 헤메고 있는 상태예요.

아빠투툼몬　　　변리사는 어떤 일을 하는 건가요?

상표몬　　　변호사가 법원 업무를 대리하는 사람이라면, 변리사는 특허청에 대한 업무를 대리하는 사람입니다. 주로 다루는 것은 특허권, 상표권, 디자인권이에요. 소위 지적재산권이라는 것을 다루는 직업입니다.

아빠투툼몬　　　변리사가 지적재산권을 보호하는 역할을 하나요?

상표몬　　　정확하게 말하면 상표권, 특허권, 디자인권은 지적재산권에 대한 독점권을 의미하는데, 독점권의 모든 것은 특허청에서 관리해요. 그렇게 독점권을 받기 위해서는 신청을 해도 심사를 받아야 하고, 권리를 유지해야 하는 부분들이 있는데, 그런 절차들이 법률적인 해석

이 있어야 하기 때문에 일반인들이 접근하긴 어려워요. 그런 업무들을 대신 해주는 사람이 변리사입니다. 변리사는 한 해 200명 정도 배출되는데, 90%는 이공계 출신이에요. 특허가 주 업무이기 때문에 기술을 이해하고 그것을 법률(법적 용어)로 풀어내야 하거든요. 시험도 법률 과목이 있고 전공과목이 있어요. 시험에 합격하고 나면 자기 전공에 따라 업무를 맡게 됩니다. 만약 화공과 출신이면 화학 계통의 일을 하고, 전기과를 나왔으면 전기 관련 업무를 해요. 법은 기본적인 사항이죠.

제네시오몬　　　　그러면 지속적으로 본인의 전공과목을 공부해야 하겠네요?

상표몬　　　　그렇죠, 그게 관건이에요. 그게 가장 골치 아파요. 특허는 항상 새로운 기술을 다루거든요. 대기업 혹은 대학 교수들이 만든 내용은 굉장히 어려워서 공부를 해야 하는데 공부할 자료가 없어요. 기술이 최신이기 때문에 그래요. 법률 용어로 한 편의 논문을 작성한다고 생각하면 됩니다.

아빠투툼몬　　　　상표몬은 어떤 과목을 전공하셨나요?

상표몬　　　　저는 화학 쪽을 전공했어요. 정확히는 고분자를 전공했죠.

아빠투툼몬　　　　변리사의 길도 여러 가지일 것 같은데, 취업을 할 경우에는 어디로 취업이 가능한가요?

상표몬　　　　특허법인 혹은 특허 사무소로 가게 됩니다. 서울 강남역, 역삼역 일대에 포진하고 있어요. 요즘엔 기업도 변리사 채용을 많이 해요. 애플 삼성 소송전을 기점으로 특허에 대한 인식이 굉장히 높아졌거든요. 그래서 기업에서 특허 공격에 대비하기 위해 자체적으로 특허팀을 운영하고 있어요.

아빠투툼몬   큰 기업이 아니면 특허팀을 별도로 운영하지 않을 것 같아요.

상표몬   네, 주로 대기업 혹은 학교에 특허팀이 있어요. 교수님은 늘 발명을 하시기 때문에 산학협력단이라는 곳이 있어요. 그곳에서 교수님들의 발명, 특허를 관리합니다. 그런 곳으로 가는 변리사들도 있어요.

아빠투툼몬   그러면 지방에는 취직할 곳은 없나요?

상표몬   별로 없어요. 강남역과 역삼역 인근에 특허법인이나 사무소가 몰리는 이유가 그 때문이죠.

아빠투툼몬   급여 수준도 높을 것 같아요.

상표몬   그리 높지는 않아요. 사법고시에 합격하면 자격증이 20개 정도 주어진다고 해요. 변호사가 되면 세무사, 법무사, 공인중개사도 주고 변리사 자격증도 줍니다. 예전엔 이런 제도가 없었고 사법고시 합격자도 별로 없어서 법률적인 업무를 이 사람들이 할 수 있게 해야 필요한 사람들이 변호사라도 찾아가서 해당 업무를 처리할 수 있었어요. 그런데 지금은 그렇지 않아요. 회계사는 한 해 1000명씩 쏟아지고 있고, 세무사도 마찬가지인데 변리사도 자동 자격을 주는 문제가 있어요. 그래서 요즘 이를 폐지하려는 움직임이 있어요.

아빠투툼몬   그럼 변리사도 많겠네요?

상표몬 하지만 변호사에 비하면 새 발의 피예요. 변호사는 2 만 5000명, 변리사는 2500명 정도죠. 변호사는 로스쿨 영향이 커요. 변호사가 1만 명 되는데 10년 걸린 반면, 최근 몇 년 만에 2만 5천명이 됐다고 해요. 로스쿨 출신들이 쏟아져 나오면서 변호사가 늘어나게 되었고, 생계형 변호사가 늘어났다는 얘기를 들었어요. 심지어 그 중엔 저작권 사냥꾼도 있다고 해요. 변호사가 설 자리가 줄어드니까 변리사의 영역까지 넘보게 되고, 기존 변리사의 위상도 낮아지고 있어요.

사실 그게 본질적인 문제는 아니에요. 상표법, 특허법도 모르고 기술도 모르는 기본도 안 된 사람들(몇몇 변호사)이 돈만 받기 위해서 일하는 게 문제예요. 변리사들은 핵심적으로 특허법, 상표법, 디자인법 시험을 1차도 보고 2차도 봅니다. 우리는 그 법에 통달해있는데, 이런 법에 대해 기본도 없이 시작하는 분들도 있어요. 그런데 고객 입장에선 그런 것들을 전혀 알 수가 없죠. 오히려 변호사가 더 많이 안다고 생각할 수도 있어요.

아빠투툼몬 지적재산권에는 어떤 종류들이 있나요?

상표몬 지적재산권은 총 네 가지예요. 특허, 디자인, 상표, 저작권. 그 중에서 특허, 디자인, 상표는 특허청에서 다루고, 저작권은 저작권위원회에서 다룹니다. 제도적 특성은 특허, 상표, 디자인의 경우는 비슷해요. 그런데 저작권은 성격이 조금 달라요.

발명에 대한 보호는 특허권에 해당해요. 디자인을 보호하고 싶다면 제품에 대한 디자인이면 디자인 보호법으로 보호를 받을 수 있어요. 그런데 그냥 디자인이면 (예쁜 그림, 애니메이션) 창작물로 간주되는데 이것은 저작권의 영역이거든요. 디자인으로 간주되려면 반드시 제품이어야 해요. 즉 산업 발전을 일으킬 수 있는 것을 말해요. 상표는 브랜드에 대한 독점권을 갖는 것을 상표권이라고 해요. 상표는 제품의 이름, 브랜드에 대한 독점권이죠. 디자인은 제품의 형상에 대한 것이고, 특허는 제품에 담긴 지적 아이디어에 대한 거예요.

상거래 방식도 특허 등록을 받을 수 있지만 2+1 판매 같은 서비스 방법, 비즈니스 노하우 이 자체로는 특허 등록이 불가능해요. 그런데 이것이 시스템적으로 프로그래밍이 되는 경우, 예를 들면 포인트 적립 프로그램은 소프트웨어가 되기 때문에 특허를 받을 수 있어요. 비즈니스 모델 발명도 특허가 될 수 있다는 생각을 어디서 듣고 와서 이런 얘기를 하는 분들이 있는데, 그런 것은 반드시 소프트웨어로 구현할 수 있을 때 제한적으로 보호받을 수 있어요.

제네시오몬　　　상표 등록을 하게 되면 상표를 보호받을 수 있는 기간은 어떻게 되나요?

상표몬　　　반 영구년이에요. 10년 마다 갱신하면 되는데 돈만 내면 됩니다. 갱신할 때는 재심사도 하지 않아요. 코카콜라 상표권이 아직도 유효한 이유는 다 여기에 있어요. 그래서 처음에 이름을 지을 때 굉장히 중요해요. 저작권은 사후 70년이지만 상표권은 리미트(limit)가 없어요. 상표는 사용료도 받을 수 있는데, 그건 굉장히 적법한 거예요.

아빠투툼몬　　　상표권은 상식적이라서 아주 어려운 개념은 아니라고 느껴져요.

상표몬 맞아요. 하지만 사람들이 상표권에 대해 인식이 없는 것이 문제예요. 그리고 상표권과 관련된 법은 굉장히 합리적이에요. 상표법의 취지는 애당초 상표권자를 보호하려는 것보다 소비자들이 피해를 보지 않게 하기 위해 상표를 보호하는 측면이 더 강해요. 상표권은 이름을 지은 그 자체로 보호하는 것이 아니라 이름을 짓고 사업을 해서 사람들이 그 이름을 부르기 시작했는데, 다른 사업자가 비슷한 이름을 지어서 소비자들이 혼동하는 상황을 막는 것이 가장 큰 목적이에요. 만약 상표에 대한 독점권을 어느 순간 해지해버리면 비슷한 상표들이 우후죽순 생기면서 소비자들이 피해를 볼 수 있어요.

아빠투툼몬 마크인포는 상표를 검색하고 상표를 등록해주는 서비스인가요?

상표몬 네, 상표도 바로 검색해볼 수 있어요. 상표는 업종 안에 같은 이름이 있는지를 확인하면 됩니다. 그래서 마크인포는 상표를 업종별로 구분했어요. 업종을 클릭하고 들어가서 그 안에서 자기가 쓰고 싶은 이름을 검색하면 같은 이름의 존재 여부를 확인할 수 있어요. 유사 여부 확인은 아직까지는 어렵구요.

간판 달고, 로고 디자인 완성하고, 도메인도 구매했는데 상표권이 인정 안 되면 처음부터 다시 시작해야 합니다. 실제로 그런 경우 때문에 이틀에 한 번 꼴로 전화상담을 해요.

참새몬 마크인포에서 상표 검색하는 것은 무료인가요?

상표몬 네, 무료이고 회원 가입도 필요 없습니다.

아빠투툼몬　　　어떤 계기로 창업을 하게 되셨나요?

상표몬　　　창원 내려와서 2년 동안 아기를 키우면서 프리랜서로 일했어요. 계에서 떨어져 나와서 보니 내가 정말 원하는 것이 무엇인지 다시 생각해보게 되었어요. 원래 저는 상표 관련해서 관심이 굉장히 많았거든요. 상표 검색은 기존에 특허청에 키프리스라는 사이트가 있는데, 이 사이트는 법률 용어가 많아서 일반인들이 접근하기 굉장히 어려워요. 특히 업종별 검색을 하려면 업종코드를 알아야 해요. 일반인들은 업종코드가 있다는 사실 조차 모르죠. 그래서 이런 분야로 일을 하면 좋겠다는 생각을 했고, 우연히 기사를 통해 특허청에서 정부3.0 공공데이터 제공을 한다는 사실을 알게 되었어요. 이건 상표검색 사이트를 만들 수 있는 기회라고 생각했죠.

상표도 지적 재산권이에요. 상표권은 매매가 가능하고 사용권 설정도 할 수 있고, 질권 설정도 할 수 있어요. 상표권을 담보로 대출도 받을 수 있어요. 그런데 상표는 도메인과 달리 마켓이 없어서 거래를 하기 힘들어요. 그래서 상표 거래를 할 수 있으면 좋겠다는 생각을 했어요. 상표 검색을 한 후 상표권자에게 이메일 혹은 기타 다른 방법으로 접촉을 할 수 있다면 거래가 쉽게 발생할 수 있을 것 같았죠. 그래서 검색 사이트를 개발했고, 검색 기반으로 상표 등록 서비스도 하고 있어요.

아빠투툼몬　　　마크인포의 수익모델은 어떻게 되나요?

상표몬　　　지금은 상표등록 대행 서비스에서 수익을 창출하고 있어요. 기존에 상표 등록을 하게 되면 오프라인 상에서 변리사 상담을 받고 출원을 하게 되면 출원할 때 수수료가 20만원, 심사 결과에서 거절 이유가 나오면 거절 의견에 대해서 반박 의견을 내는데 그 때 20만원, 등록하게 되면 등록 성공수수료로 20만원 이렇게 60만원 정도 받기도 하고 경우에 따라서는 중간에 대응 비용을 받지 않고 성공수수료만 받기도 합니다. 그런데 온라인상에서는 7만원부터 15만원까지 가격을 책정하고 있어요. 온라인은 의뢰자와 변리사가 독대하는 것이 아니기 때문이죠. 온라인도 오프라인과 하는 일은 동일합니다.

제네시오문　　　　창업하는 분들을 보면 상표 등록을 생각하시는 분들도 금액에 많은 부담을 느끼시는 것 같아요.

상표문　　　　상표 출원할 때 심사청구료가 62000원 정도고, 10년치 등록료를 한꺼번에 내거든요. 1년치로 따지면 그리 비싼 가격은 아닌데, 그것만 해도 30만원 정도 들어요. 거기에 대리인 수수료가 40만원이죠. 한 개만 출원하면 괜찮은데 분류가 다르다보니 2~3개를 한꺼번에 등록해야 하는 경우가 허다해요. 예를 들어, 옷은 의류로 분류되지만 가방은 분류가 달라요. 시계도 분류가 다르구요. 예전에는 시계 만드는 사람, 옷 만드는 사람, 가방 만드는 사람이 다 달랐기 때문이죠. 큰 브랜드를 하나 운영하면 최대 45개까지 분류가 나뉘게 됩니다. 그래서 이 분야도 부익부 빈익빈이에요. 좋은 이름은 여러 개를 등록해둬야 제대로 된 보호를 받을 수 있어요. 하나만 등록해서는 업종 문제 때문에 허점이 생길 수 있기 때문이다. 그렇게 되다보니 부담이 커지게 되는 거죠.

그래서 우리 회사는 검색 서비스를 무료로 제공하면서 의뢰자가 직접 검색하게 해서 대행 수수료를 줄이고 있어요. 우리 회사는 보통 40만원 하는 수수료를 1/10 수준으로 낮춰서 4만원만 받고 있습니다.

상표 출원할 때 그 비용만 드는 것이 아니에요. 만약 심사관의 거절 이유가 나오게 되면 반박 의견을 내야 하는데, 그 부분은 굉장히 전문적인 서비스입니다. 그건 기계적으로 할 수 없어요. 심사관의 의견에 조목조목 반박하기 위해서는 증거자료를 모아야 해요. 심사관 당신들이 이전에 이렇게 한 사례가 있기 때문에 등록해달라고 주장해야 하기 때문에 전문 컨설팅 영역이라고 할 수 있죠. 이 부분이 저렴하다는 것은 서비스를 제대로 하지 않는다는 의미예요. 보통 대리인들이 성공 사례금을 받는 반면 우리는 성공 사례금은 없고 거절에 대응해주는 그 비용을 10~20만원 정도로 책정하고 있어요. 그렇게 해도 오프라인보다는 훨씬 쌉니다. 우리 회사는 출원하는 것은 최대한 저렴하게, 전문성이 필요한 부분은 최대한 전문성 있게 한다는 원칙을 갖고 있어요.

아빠투툼몬　　　창업하기 전에 IT 분야에 대해 공부를 했었나요?

상표몬　　　전혀 하지 않았어요. 그래서 정말 많이 헤맸죠. 다행인 건 좋은 개발자를 만났다는 거예요. 개발자와 계속해서 커뮤니케이션을 하다 보니 우리가 제공하는 서비스가 지속적으로 업그레이드되고 있어요. 내 일을 하게 되면서 깨달은 것 중에 하나는 가격 대비 좋은 서비스만큼 고객을 만족시킬 수 있는 방법은 없다는 거예요. 그게 비즈니스의 핵심이라고 생각합니다. 싼 가격에 좋은 서비스를 제공하기 위해서는 IT를 결합해야 해야 해요. 온라인상에서 서비스를 제공하는 식으로 말이죠.

아빠투툼몬　　　창업을 하고 가장 좋았던 점이라면 뭐가 있을까요?

상표몬　　　내 생각대로 일을 진행할 수 있다는 점이 가장 좋아요. 누구의 지시가 아닌 내 의지대로 움직일 수 있다는 점이 매력이더라구요. 어떤 결정 과정을 거치지 않아도 되고 주도적인 삶을 살 수 있다는 점이 가장 좋은 점이에요.

아빠투툼몬　　　마지막으로 아이디어는 있는데 IT 인력과 IT 전문지식은 없는 창업자들을 위한 조언 부탁드려요.

상표몬　　　기술 부분은 좋은 사람을 만나면 해결되는 일입니다. 좋은 개발자를 만나면 됩니다. 내가 모르면 그 부분에 대해 잘 아는 사람을 잘 만나면 돼요. 하지만 좋은 사람을 잘 만나기 위해서는 본인이 좋은 사람이 되어야 하지 않을까요? 성공한 사업을 가만히 보면 우리에게 정말 좋은 혜택, 도움을 주는 사업들이 지속 가능하게 성공했다는 것을 알 수 있어요. 서비스 자체가 사람들에게 정말 도움을 주는지를 머릿속에 계속 두고 있어야 합니다. 이 서비스가 사람들에게 지속적으로 도움을 줄 수 있는 일, 서비스, 제품인지 그 질문을 끊임없이 하고 늘 같은 대답이 나온다면 좋은 사람들이 모이게 됩니다. 좋은 사람은 좋은 생각을 가진 사람이라고 생각해요.

치킨집 창업의 모든 걸 알려줄게

장모님 치킨 중리점 대표 떡신몬

아빠투툼몬 얼마 전 한류 드라마의 열풍과 함께 중국 대륙에 치맥 열풍이 불었다고 하죠? 이제는 우리나라의 특별한 문화로 자리 잡은 치맥. 그 중 가장 중요한 역할을 담당하고 있는 치킨으로 창업을 한 떡신몬과 이야기를 나눠보겠습니다. 안녕하세요? 치킨집은 어떻게 시작하게 되셨나요?

떡신몬 치킨집을 하고 있는 친누나의 소개로 시작하게 됐구요, 지금 3년 째 같은 곳에서 치킨집을 운영하고 있습니다.

아빠투툼몬 종업원 없이 혼자서 배달, 닭 튀기기, 홀 운영을 하시는데 힘들진 않으세요?

떡신몬 3년 동안 장사를 하다 보니 단골손님들은 혼자 일을 하는 것을 알아서 보통 셀프로 드세요. 치킨집의 브랜드가 오래된 것이라서 그런지 손님들의 연령층이 대부분 높아요. 요새 TV에서 광고하는 치킨집들은 어린 친구들이 먹는 '요즘 치킨 맛'이 강하지만 우리 치킨집은 30대에서 50대 분들이 어릴 때 먹던 맛을 그대로 유지하고 있어요.

아빠투툼몬	누님의 치킨집에서 일을 배우셨나요?

떡신몬	원래 서울에서 요리사를 하다가 서울생활을 정리하고 창원으로 내려와서 떡집에서 일을 했었어요. 낮에는 떡집에서 일을 하고 저녁에는 누나 집에서 일을 도와주었습니다. 길게는 4개월 동안 하루도 쉬었던 적이 없어요.

젬베몬	요즘 치킨집은 정말 많이 생기고 또 금방 문을 닫는 느낌을 받아요.

떡신몬	치킨 브랜드가 너무 많은데다 사람들이 쉽게 시작하고 쉽게 그만둬요. 회사 그만두고 치킨집이나 해볼까? 라고 생각해서 시작하는 분들이 많은데요. 막상 해보면 몸은 힘든데 큰 벌이는 되지 않는 것 같아서 또 쉽게 그만두는 것 같아요.

참새몬	체력적인 부분 외에 치킨집을 하면서 힘든 건 뭔가요?

떡신몬	이제는 소비자들의 선택의 폭이 너무 넓어졌어요. 저도 단골손님들이 많지만 그렇다고 우리 치킨만 드시는 분들은 없어요. 질리면 다른 치킨도 먹기 마련이이죠. 그런 부분에서 어려움이 있는 것 같아요. 그리고 우리나라가 닭공화국이라고 하잖아요. 우리나라 사람들은 닭에 대해서 너무 잘 알아요. 그래서 먹거리 X파일 같은 곳에서 고발하는 식품들 중에 닭이 가장 많아요. 그런 프로그램을 본 시청자들은 업자들이 겪는 어려움은 모르면서 TV에서 방송되는 것만 보고 이 집도 그렇겠구나 생각을 하시거든요. 그럴 때는 장사에 타격도 있고 힘들죠.

아빠투툼몬	혼자서 장사를 하신다고 하셨는데 배달갔을 때 주문이 들어오면 어떻게 하나요?

떡신몬　　　　　배달을 갈 때는 전화를 핸드폰으로 돌려놓기 때문에 밖에서 주문을 받습니다. 간혹 오토바이 운전을 하면서 받아야 할 때도 있어서 굉장히 위험하긴 해요. 사고 날 뻔했던 적도 많아요. 위험하지만 배달을 하려면 신호를 지킬 수가 없어요. 요즘에는 음식을 주문하는 어플이 있는데 요청사항에 빨리 안 오셔도 되니깐 안전운전하세요 라고 하시는 분들도 계시는데 정말로 감사해요. 치킨을 튀겨서 준비하고 배달까지 하는데 30분 정도의 시간이 소요되거든요. 거기서 늦어봐야 10분이 더 늦는데 손님들은 그 10분도 기다리기 힘들어하세요.

정말 바쁠 때는 배달대행업체에 맡기기도 해요. 건당 3천원 정도 지급해요. 치킨장사를 하면서 몇 천원 이윤을 남기는데 배달대행업체를 이용하면 정말로 남는 게 없어요.

아빠투툼몬　　　　치킨집은 프랜차이즈가 많은 것 같아요. 본사에서 가맹점 상담을 하는데 주의할 점과 챙겨야 할 점이 있을까요?

떡신몬　　　　　법적으로 회사에서 보장을 해놔서 주의할 점은 없어요. 치킨집을 차릴 때 쉽게 차릴 수 있죠. 본사에서 교육을 일주일만 받아도 장사를 할 수 있게 해줍니다. 가맹점과 같은 경우에는 하려고 마음만 먹으면 어려울 점은 없는 것 같아요. 단, 너무 쉽게 할 수 있어서 오히려 큰 함정이 될 수도 있어요. 교육을 받을 때와 실제 내 가게에서 영업을 할 때는 확연히 다르거든요. 그리고 가맹점을 할 생각이시면 그 동네에 없는 브랜드, 그리고 여러 브랜드를 먹어보고 맛이 괜찮은 브랜드를 선택하는 것이 중요해요. 기존의 가게를 인수받을 생각이시면 잠복을 해서 그 가게에 오토바이가 몇 번 왔다갔다하는지 지켜보는 것도 좋은 방법이에요.

아빠투툼몬　　　치킨집을 운영하면 광고비가 많이 드나요?

떡신몬　　　많이 들어가요. 집집마다 주는 동네 음식점책자 있잖아요. 저희 같은 경우는 책자가 일주일에 한 권씩 나와요. 그런데 이 한 면에 광고가 되는데 9~10만 원 정도가 들어요. 한 달에 책자광고만 40만원이 드는 거죠. 요새는 배달 어플을 많이 사용해서서 그것도 해야 되는데 어플 가입비만 한 달에 8만원이 넘어요.

아빠투툼몬　　　만약 100만원어치 치킨을 팔면 마진은 얼마 정도 남나요?

떡신몬　　　인건비를 포함해서 40%도 힘들다고 보시면 돼요. 저는 직원이 없이 혼자 운영을 해서 그나마 남는 것이 조금 있는 편인데 직원들이 있는 경우는 더 힘들 거예요.

아빠투툼몬　　　치킨집을 창업하려고 하는 후배들에게 당부하시고 싶은 말이 있나요?

떡신몬　　　모든 장사가 그렇듯이 엄청난 각오와 함께 초심을 잃지 말아야 합니다. 큰돈을 만지기 쉽지 않으니 처음부터 욕심을 부리면 안 되고, 진정성이 있게 장사를 해나가세요. 죽을 각오로 열심히 할 마음가짐만 가지면 뭐든지 할 수 있을 겁니다.

네이버 카페도 사업이 된다

줌마렐라 대표 렐라몬

아빠투툼몬 오늘은 네이버 카페서 창원, 김해, 부산 지역 육아 동호회인 줌마렐라 카페를 운영하는 렐라몬과 이야기를 나눠보겠습니다. 안녕하세요? 소개 부탁드려요.

렐라몬 안녕하세요? 카페 줌마렐라를 운영중인 렐라몬입니다. 줌마렐라는 자기가 30~40대 엄마가 여성이라는 것을 잊지 않고 자기를 꾸밀 줄 알고 육아를 하는 아줌마를 뜻해요. 즉, 아줌마이면서 신데렐라처럼 우아함을 잃지 않는 여성을 뜻해요.

아빠투툼몬 그렇군요. 줌마렐라 카페는 어떻게 시작하게 되신 건가요?

렐라몬 10년 전에 창원에서 시작했어요. 그 때 당시 맘스홀릭 같은 육아정보를 나누는 큰 사이트의 지역방에서 시작했어요. 지금은 아이가 열 살인데, 당시 아기를 낳고 너무 심심하고 사람들을 만나고 싶어서 글을 올렸어요. 여자는 하루 2만 단어를 이야기해야 하는데 애가 2만 단어를 받아쳐주지 못하니까 2만 단어를 이야기할 수 있는 상대를 찾아야 했었죠. 나와 비슷한 사람을 찾기 위해서 게시판에 '같이 모일까요?'라는 글을 남겼는데 애기 엄마들이 60명이나 댓글을 달았어요. 나 같은 사람이 60명이나 있었던 거죠. 나는 몇 명 정도 소규모로 만날까 하는 생각에 글을 올렸었는데 58명이 참석했어요. 엄마 58명에 애기 58명. 100명이 넘었죠.

큰 카페 지역방은 글을 썼을 때 팍팍 넘어가니까(새로운 글이 수시로 업데이트 되서 내 글이 묻힌다는 뜻) 다시 일일이 찾아봐야 해요. 다른 지역, 창원에도 카페가 있었고 진해에도 있었으니까 우리도 마산에 카페를 하나 만들면 어떨까 하는 생각을 했어요. 제가 모이자고 했고, 또 당시 아줌마들 중에 가장 어렸기 때문에 제가 카페를 개설했어요. 카페 개설 후 지역방에 카페 개설했다는 글을 올렸고 뷔페 모임에 참석한 58명이 카페에 모두 가입했어요. 그 58명이 같은 마음으로 '마산맘의 무한도전'이라는 이름을 활동을 시작했고, 그러다 '마산맘'이라는 단어를 빼고 새로운 이름을 위해 이름 공고를 냈어요. 그래서 생긴 이름이 '줌마렐라의 무한도전'이었고, 통합 창원시가 되면서 '창원 줌마렐라'로 자리매김하게 되었어요. 줌마렐라로 이름을 바꾼지는 6~7년 정도 됐어요.

제네시오몬　　　　엄마 58명에 아기 58명의 모임이라, 굉장한데요? 아기 때문에 오프라인 모임이 쉽지는 않겠어요.

렐라몬　　　　　네, 하지만 제가 계속 추진했던 것은 오프라인 모임이었어요. 그 모임을 한 달도 쉬지 않고 계속 진행했었죠.

그러자 김해나 장류 이쪽도 우리와 가깝다보니 장유나 김해 엄마들이 차를 빌려서 모임에 오게 됐어요. 그래서 김해 카페도 만들게 됐어요. 그리고 창원, 김해, 부산이 같은 라인이다 보니 이사도 같이 가고, 직장은 여기지만 부산으로 갔다가 이런 식으로 하는 분들이 많아서 작년에는 부산 카페도 만들었어요.

천안 쪽은 우리가 가맹 형태로 운영해요. 저(매니저)와 2년 동안 함께하던 부매니저가 천안으로 시집가면서 거기서 그 부매니저가 만든 거예요. 저와 같은 플랫폼을 하고 있지만 독자적인 사업 형태예요.

젬베몬　　　오프라인 모임을 가는 이유 중에는 경품이나 사은품도 있는 것 같아요. 그런 협찬은 어떻게 받게 됐나요?

렐라몬　　　모임에서 경품이 있으면 모임이 재밌어지니까 마산 지역 업체 관계자들을 만나서 "우리가 매달 이런 모임을 할건데 혹시 경품을 주시면 우리가 게시판을 열어드리겠습니다. 그리고 내가 물건을 받으러 오겠습니다. 매달 아줌마들이 한 번씩 모일 겁니다."라고 제안했죠. 그래서 육아와 관련된 몇몇 군데 업체, 스튜디오 몇 군데에서 선물을 주면, 저는 애기를 업고 모임 전날에 그 선물들을 갖고 왔어요. 그리고 그 경품들을 참가자에게 나눠줬죠. 그때는 인터넷으로 검색해서 업체를 섭외한다기 보다는 길에 지나가다가 보이면 그냥 들어가서 협찬을 요청했어요.

아빠투툼몬　　　줌마렐라가 대단한 것이, 요즘은 모바일로 많이 보는데도 불구하고, PC 버전에 광고 배너들이 많다는 점이에요.

렐라몬　　　이용자 중 모바일이 70%, PC가 30%예요. PC 광고하시는 분들에게 광고를 왜 하는지 물어봤어요. 광고 효과가 궁금해서. 이 카페는 아줌마 10만 명이 가입한 곳이고, 즉각적인 피드백이 오고, 열 개 잘해도 하나 잘못해서 글 하나 올라오면 끝나는 곳이에요. PC를 이용하는 30%가 누군지 확인해본 결과 대부분이 직장맘이라는 것을 알았던 거예요. 회사에서 일하는 짬짬이 카페에 들어오는 거죠. 광고주 입장에선 그 부분을 놓치지 않은 거예요.

아빠투툼몬 방문자는 하루에 몇 명 정도인가요?

렐라몬 하루치는 잘 확인하지 않아요. 한 달치를 보는데, 창원은 한 달 방문자가 100만 명이 넘어요. 그 중 회원이 5만 8천~6만 명 정도예요. 솔직히 말하면 방문자들은 키워드 등록한 것만, 자기가 관심 있는 부분만 봐요. 지금 회원 수 많은 카페들은 많아요. 그런데 충성 회원이 중요해요. 카페에 다 가입해도 즐겨 찾는 카페가 몇 군데 있고, 그 중에서도 로그인라고 맨 처음 들어가는 카페가 있어요. 그래서 사실은 회원의 방문자 수가 가장 중요한 지표예요. 신규 회원도 물론 중요하지만 회원의 방문자 수를 가장 중요하게 생각하고 있어요. 총 방문자 중 우리 회원이 몇 % 왔다 갔는지가 중요해요.

참새몬 어떻게 회원들이 그렇게 많이 모였는지 궁금해요.

렐라몬 오프라인의 힘이 컸다고 생각해요. 지역 카페라서 오프라인 모임이 가능했어요. 처음에 산모 교실을 무료로 운영하고 제가 직접 가서 재미있게 해주고 격려해주면 우리 카페가 좋은 이미지로 각인이 될 수 있어요. 그때 참석했던 산모들이 엄마가 되어서 주로 활동하는 곳이 우리 카페가 될 수 있죠. 카페 초기에 자기 일처럼 활동했던 사람들이 어느 정도 애기가 크면서 직장도 다시 다니고, 자기들의 집단이 생기게 돼요. 그리고 그 다음 세대에 육아만 하는 사람들이 모여서 자신들만의 문화를 만들기도 해요. 저는 카페를 운영하면서 그 흐름을 보고 있었어요. 그 흐름을 보면서 규칙이 눈에 보이기 시작했죠. 카페 안에서 우리만의 공감대, 특히 남자들은 알 수 없는 것들을 공유하기 시작했어요.

우리 카페가 성장할 수 있었던 또 다른 이유는 익명게시판이이에요. '다음'은 자체 기능에 익명게시판이 있어요. 그런데 네이버에는 그런 기능이 없어요. 한번은 카페에 어떤 회원이 시어머니에 대한 썰을 풀었어요. 그런데 지역 카페이고 그 전에 자기 애기 사진도 올렸으니 시누이 친구분이 이 글을 본 거예요. 그래서 그 글을 쓴 당사자가 저에게 급하게 전화가 와서 급하게 카페 탈퇴를 했으니 자기가 쓴 글을 모두 삭제해달라고 요청하는 거예요.

지역 사회라서 한 다리 건너면 엮이기 때문에, 자기에 대한 이야기를 속 시원하게 했으면 하는 마음에서 그다음부터는 게시판을 하나 열었어요. 거기서는 로그아웃을 하고 오픈한 아이디로 글을 쓰도록 했어요. 그 게시판은 글을 올렸다 하면 조회수가 1000건을 금방 넘어가요. 친정 이야기 남편 이야기 등 자신이 힘들었던 이야기가 많이 올라오는데, 이런 글들을 사람들이 읽으면서 '사람이 이렇게도 사는구나.'는 생각을 하게 돼요. 그리고 서로 위로를 받죠. 그리고 가끔 따뜻한 글들이 올라오는데, 같은 지역에 살면서 느끼는 공감대, 육아를 하는 엄마들끼리의 마음 이런 것들이 뭉쳐서 지역 카페로써 롱런하고 있다고 생각해요.

아빠투룸몬　　　줌마렐라 카페를 어떻게 사업화하게 되었나요?

렐라몬　　　아이를 키우고 살림이 팍팍해지는 것을 느끼면서 돈을 벌어야 겠다는 생각이 들었어요. 직장을 다녀서 맞벌이를 할지, 아니면 내가 좋아서 하는 카페 운영을 사업으로 바꿔볼지 고민했죠. 그러다 카페 운영이 내가 좋아하는 일이니 한 번 해보자는 생각을 했어요. 카페 운영을 한지 2년이 지난 시점부터는, 이것으로 돈을 벌겠다고 생각하진 않았지만 카페 운영을 일처럼 해보자는 마음으로 운영하기 시작했어요. 그래서 모임할 때 필요한 경품을 얻기 위해 업체 사람들을 만나러 다니기 시작했죠.

협찬업체 대표들에게 한 달에 경품과 함께 5만원 정도 주시면 5만원으로 카페를 키우겠다고 말했어요. 대신 이 카페 외에 다른 영업적 이익이나 수익 창출(장사 등)을 하지 않겠다고 말했죠. 장사를 하면 후원해준 업체를 대변할 수 있는 카페가 될 수 없다고 생각했거든요. 그렇게 해서 첫 달에 70만원이 입금됐어요. 70만원이 들어오고 나서 제일 처음 했던 것이 멤버십 카드 제작이었어요. 멤버십 카드에는 엄마들의 등급과 닉네임을 새겼어요. 이 카드로 회원들이 오프라인에서 혜택을 받을 수 있게 했죠. 또 '아기가 타고 있어요' 스티커도 만들어서 나눠주며 오프라인으로 줌마렐라 카페를 홍보하기도 했어요. 업체들에게 받은 돈으로 1년 동안 줌마렐라를 알리기 위해 굉장히 노력했어요.

카페를 알리기 위한 과정에서 돈은 필요하고, 그래서 그 돈을 회원들에게 받을 수는 없으니 업체들에게 받아야 했어요. 돈을 받기 위해서는 당연히 사업자등록을 내야 했죠. 그래서 사업자등록증을 뗐는데, 그 당시에 세무서에서도 생소하게 여겼어요. 업종이 광고대행 서비스업이었거든요. 지금은 광고대행업이 굉장히 많지만 그 당시에는 카페에 이런 플랫폼을 구축한 경우는 거의 없었어요. 제가 카페를 운영하면서 가장 잘했다고 생각하는 것은 카페 배너 관련 폼을 만든 것이었어요. 우리 카페는 중고나라도 아직 하지 않았던 광고비, 광고 기간, 광고 내용을 PPT 파일로 공개해서 모든 업체들에게 동일한 비용을 받고 있어요.

아빠투툼몬　　줌마렐라 카페에서 판매하는 광고 상품은 어떤 것들이 있나요?

렐라몬　　크게 세 가지가 있어요. PC로 들어가서 보는 데몬 광고, 공동구매 공지 광고, 게시판을 내주는 협력업체.

협력업체 게시판의 경우, 업체에 게시판을 열어주면 업체에서 알아서 게시물을 업로드하는 거예요. 물론 업체 사람들이 지켜야 할 몇 가지 규칙이 있어요. 예를 들면 하루 업로드 가능 개수가 있고, 각 업체 게시판을 통해서 한 달에 한 번 줌마렐라 회원들을 위한 이벤트를 열어요. 공동구매 후기, 사용 후기, 예약 후기, 혜택 할인 같은 것들이 아니라 잠재된 고객에게 하는 거예요. 다시 말하면 불특정 다수의 줌마렐라 회원들에게 진행해서 경품을 주는 형식이에요. 이런 내용들이 계약서 안에 다 들어가 있어요.

아빠투툼몬　　앞으로 줌마렐라를 어떻게 키워갈 생각이세요?

렐라몬　　솔직히 이 카페는 회원 5만 명이 최대라고 생각했어요. 그런데 10만 명이 되니까 10만 명 만큼의 일이 생겼어요. 요즘은 누가 꿈이 뭐냐고 물어보면 오프라인 임대업이 하고 싶다고 말해요. 엄마들이 애기가 유치원 가기 전까지는 어디 갈 곳이 없잖아요. 저도 그 사정을 모를 때는 백화점 비좁은 공간에 애기 엄마들이 있는 것을 보면 욕하곤 했어요. 그런데 생각해보면 엄마들이 어디 가려면 유모차를 끌고 갈 수 있는 곳 중에 지붕이 있고 온도 변화가 별로 없는 곳을 찾아야 하는데 그런 곳이 별로 없더라구요.

작년에 노키즈존이 굉장히 유행했어요. 그때 좀 욱했어요. 그래서 키즈존을 만들자는 취지로 아는 단체의 도움을 받아 사무실 세 군데를 빌려서 방처럼 꾸며서 기어 다니는 아기들이나 어린 아기들이 엄마와 같이 와서 배달 음식도 시켜먹고 놀 수 있게끔 하는 줌마 놀이터라는 공간을 만들어서 문화센터 같은 공간을 만들었어요. 이런 일을 진행하기 위해서 평생교육사 같은 자격증도 취득했죠.

능력이 된다면 육아를 하는 엄마들을 위한 문화센터를 짓고 싶어요. 1층에는 영화나 연극을 볼 수 있는 공연장을 만들고, 의자 대신 돗자리를 깔고 앉을 수 있게 하고 싶어요. 그리고 엄마들이 아기를 잠깐 맡겨두고 취미생활을 하거나 무언가 배울 수 있는 그런 문화센터를 만들고 싶어요.

노벨문학상을 꿈꾸는
자동차 전문가

선경카센터 대표 이코몬

아빠투툼몬　　오늘은 선경카센터 대표인 이코몬이 게스트로 나와주셨습니다. 안녕하세요. 소개 부탁드려요.

이코몬　　안녕하세요? 스무 살 때부터 서른여섯 살까지 14년 정도의 자동차 정비 경력을 갖고 카센터를 운영하고 있습니다. 꿈은 노벨문학상 받는 것이고, 독서 쪽으로 관심이 많습니다.

아빠투툼몬　　원래 하고 싶은 일이 자동차 분야가 아니었나 봐요.

이코몬　　어렸을 때부터 자동차도 좋아했는데, 자동차를 고치면서 글 쓰는 작가를 꿈꿨어요.

아빠투툼몬　　자동차는 남자들의 로망이지만 여자들에게도 관심이 높아지고 있어요. 요즘엔 주로 어떤 차들이 많이 오나요?

이코몬　　주로 오래된 차들이 많이 들어와요. 5년 지난 차들이 고장이 많이 나요. 새차들은 고장이 별로 안 나는데다 AS 기간 내에는 일반 카센터가 아닌 직영으로 갑니다.

아빠투툼몬　　카센터 업계도 경쟁이 굉장히 치열한 것 같아요. 경정

비라는 말이 있고, 1급 정비 공장 등으로 자동차 수리 업계가 나뉘는데 그 부분에 대해서 정확하게 알고 싶어요.

이코몬　　　　　1급은 보통 정비 공장입니다. 정비 공장 중 1급은 모든 수리가 가능해요. 엔진, 판금 도색 등이 가능하고 2급은 보통 잘 없어요. 공장들은 보통 1급을 따지 2급은 따지 않습니다. 3급은 부분 정비업이에요. 일반 카센터는 보통 3급이라고 보면 됩니다. 경정비는 대부분 3급입니다.

아빠투툼몬　　　　3급은 오일 교체하고 소모품 교환하는 정도의 서비스를 제공하나요?

이코몬　　　　　맞아요. 타이어 교체하고 하체 교체하는 것도 합니다. 판금 도색은 안 되고 튜닝은 불법이에요. 3급은 엔진 보링을 하면 안 되고 헤드라이트를 분해해도 안 되는 등 법으로 정해진 규정이 있어요. 이게 해마다 조금씩 다릅니다.

아빠투툼몬　　　　그러면 일반 소비자들은 이런 것들을 어떻게 알고 정비 공장에 가야 하죠?

이코몬　　　　　일반 소비자는 그런 것 신경 안 써도 됩니다. 안 되는 것들은 정비소에서 알아서 판단해요. 정비소에서 아는 정비공장으로 차를 보내기도 하구요. 이런 연계는 다 되어있습니다. 사고가 났을 경우 보험업체에서 레카가 오는데, 레카가 어느 정비공장으로 갈지 자기가 원하는 곳이 없다면 지정해줍니다.

젬베몬　　　　　이코몬은 어떻게 카센터를 운영하게 되었나요?

이코몬　　　　　아버지가 카센터를 계속 운영하셨어요. 그래서 자연스럽게 차를 좋아하게 되었어요. 대학교(대구대자동차학과)를 다녔는데 적성에 맞지 않아서 바로 직업 전선에 뛰어들어야 겠다고 생각했죠. 학교에서 배우는 내용이 실전과 다르다고 느꼈어요. 일을 하다가 고등학교 선생님이 대학 졸업장은 있어야 하지 않느냐고 말씀하셔서 마산대학교 자동차학과(야간)에 다녔어요.

아빠투툼몬　　자동차의 매력은 무엇인가요? 어디에 꽂혀서 이 일을 해야겠다고 생각했나요?

이코몬　　차 타는 것도 좋아하고 차가 남자의 로망이잖아요. 예전에 실력이 안 될 때는 정비할 때 막히는 순간들이 있었어요. 어디가 고장났을지 한참 고민하다가 그 문제가 풀리는 순간 그 때 희열을 느꼈어요.

아빠투툼몬　　자동차 수리는 정해진 매뉴얼이 있나요?

이코몬　　제조사에서 주는 정비 지침서가 있지만 참고용이에요. 자동차는 노하우를 쌓으면서 공부를 해야 해요. 신차가 나오면 새로운 기술이 들어가기 때문에 그 부분에 대해 충분히 공부를 해야 고장이 나면 어디서 고장났는지 역으로 짚을 수 있어요.

아빠투툼몬　　수리비는 어떻게 책정하나요?

이코몬　　공임은 카센터마다 달라요. 정비 수가x표준시간으로 계산하는데, 1시간 당 정비 공임료가 있어요. 제너레이터 교체 소요시간이 1시간이라고 하면 정비 수가가 6만원이라고 가정하고, 1시간 동안 수리한 작업료 6만원 받고 거기에 부품값까지 받아요. 보통 시간으로 가격을 책정하지만 이 부분이 완전 정착이 되지 않았어요. 예전에는 시간으로 계산하지 않고 부품 별로 공임을 책정했었는데 지금은 법이 바뀌어서 시간당으로 공임을 계산하고 있어요.

타이밍 벨트의 경우 3시간 정도 걸리고, 차에 따라 난이도가 높으면 시간을 더 늘려서 받기도 해요. 최근에는 점검료도 받으라고 법으로 정해졌어요.

제네시오몬　　　점검료는 뭔가요?

이코몬　　　점검을 할 때 기본적인 점검은 무료이고, 이 부분을 수리해야 하는데 어느 정도 뜯어야 확인이 가능한 경우가 있어요. 그런 경우엔 점검료를 받게 됩니다. 손님들이 수리를 요청한 다음 확인만 하고 다른 업체로 가는 것을 방지하는 목적으로 만들어진 법이죠. 이전에는 카센터들이 실력이 떨어지다 보니 A가 고장났는데 B나 C를 손대고 나중에 A를 고치는 경우가 많아서 문제가 됐어요. 그래서 카센터 사장들이 공부를 열심히 하고 차를 잘 고치게 되면 A가 고장 났는지 충분히 확인한 후 손님에게 이야기하면서 수리 여부를 물어요. 그 과정에 비용을 청구하게 됩니다. 이 법은 작년 10월에 생겼는데, 일반 소비자들에게 퍼지려면 적어도 2~3년은 걸릴 것이라고 생각해요.

아빠투툼몬　　　카센터가 실력있는지 소비자는 어떻게 알 수 있을까요?

이코몬　　　자격증보다는 정비사의 실력과 경험에 따라 갈린다고 생각해요.

아빠투툼몬　　　잘 모르는 동네에서 사고가 났을 때 프랜차이즈 정비소로 가야할지 일반 카센터를 가도 되나 의문이 생겨요. 일반 카센터보다 프랜차이즈가 좀 더 신뢰할 수 있다는 느낌이 있거든요.

이코몬　　　　그 부분은 개인 취향인 것 같아요. 일반 카센터라고 하더라도 실력이 떨어지는 것도 아니고, 프랜차이즈라고 해서 무조건 다 잘 고치는 것은 아니거든요.

아빠투툼몬　　　　창업을 하는 측면에서 프랜차이즈와 일반 카센터의 차이점은 무엇인가요?

이코몬　　　　창업 투자비용에 차이가 있어요. 프랜차이즈는 규모를 크게 해야 하기 때문에 최소한 리프트 4대, 직원 5명, 경리 1명을 갖춰야 합니다. 그런데 개인은 1인으로 소규모로 할 수 운영할 수 있죠. 자격증, 리프트 1대, 법정 장비(카센터라면 꼭 있어야 하는 장비. 리프트, 휠 밸런스기, 부동액 재생기 등)만 있으면 됩니다. 자격증은 자동차 정비 산업기사 하나만 있으면 가능해요.

사장이 자격증 없이 영업만 할 경우 직원이 자격증을 갖고 있다면 영업하는 데 문제는 없어요. 제 생각에는 앞으로 카센터도 대형화로 운영하는 곳이 등장할 것 같아요. 영업하는 사장 따로 있고 정비사들이 있고 서로 연계해서 사업을 크게 할 수도 있을 겁니다. 대형마트처럼 1층은 국산차 수리 2층은 수입차 수리 3층은 자동차 판매 4층은 액세서리 판매점 이런 형식으로 진행할 수 있을 것 같아요. 이런 형태가 일본에는 몇 군데 있어요.

제네시오몬　　　　튜닝 시장에 대한 법적 규제가 완화된다면 이런 부분에 대한 시장의 수요가 높아지지 않을까 하는 생각이 드는데요. 대형마트처럼 본인의 기호에 따라 파트를 구입할 수 있거나 즉각 자신의 차를 고칠 수 있다면 새로운 시장이 만들어지지 않을까 하는 생각이 들어요.

이코몬　　　　독일이나 일본 같은 경우는 튜닝 시장이 굉장히 커요. 완성차 규모보다 튜닝 분야 시장이 더 크다고 알고 있어요.

참새몬　　　　튜닝을 법적으로 규제하는 이유는 무엇인가요?

이코몬　　　　우리나라 같은 경우는 가장 큰 이유가 안전이에요. 완성 차는 정해진 틀 안에서 검사를 하면 되지만 튜닝을 하게 되면 변경을 하기 때문에 변경된 값을 어떻게 처리해야 하는지에 대해 고민해야 합니다. 검사 같은 경우도 튜닝한 차들도 구조변경 신청하면서 주행이 가능한 차들이 있는데 구조변경을 하지 않으면 모두 불법이에요. 구조변경을 한다고 하더라도 그 틀도 작고, 건드리지 말아야 할 것들도 많아요. 그 기준도 해마다 다르구요.

제네시오몬　　　　차를 어떻게 정비 받아야 하는지, 정비 주기가 있는지 그런 부분에 대해 잘 모르고 지나치는 경우가 많은 것 같아요.

이코몬　　　　자동차는 km수마다 정비를 합니다. 엔진오일 교환은 5천~1만km인데 운전 습관에 따라 조금씩 다를 수도 있어요. 미션 오일은 4만~5만km, 라이닝도 4만~5만 정도예요. 인터넷에서 자동차 부품별 교환 주기를 볼 수 있습니다. 고속도로를 자주 다니는 사람들은 km수가 빨리 증가하기 때문에 타이어 부분도 점검할 필요가 있습니다.

아빠투툼몬　　　　재생 부품을 쓰는 경우가 있다고 들었어요. 부품을 다시 살린 것을 재생부품이라고 하는데, 정품과 재생부품 간 차이는 어느 정도인가요?

이코몬　　　　정품도 AS가 되고 재생부품도 AS가 가능해요. 부품은 정품, 재생부품, 중고부품으로 나뉘는데, 중고부품은 폐차장 같은 곳에서 쓰던 것을 떼 온 겁니다. 재생부품은 중고부품을 다시 뜯어서 안 좋은 부분을 새것으로 바꾼 다음 겉도 깨끗하게 해서 박스처리 한 다음 나오는 거예요. 정품과 재생부품 간 수명 차이는 크게 없어요. 보통 조인트, 발전기, 시동 모터 등은 재생부품을 써도 무방합니다.

아빠투툼몬 꼭 정품으로 써야 하는 부품들도 있나요?

이코몬 그런 부품은 재생부품으로 잘 나오지 않아요. 재생부품의 경우 Q마크 다 확인하고 보험도 들어있고 AS도 어느 정도 가능해요. 가격은 정품의 70~80% 정도이구요. 외국은 중고 부품도 활성화되어 있는데 우리나라는 아직까지 인식이 좋지 않아요. 중고부품은 폐차장에서 주로 나오기 때문에 부품 수급이 원활하지는 않습니다. 차가 폐차장에 있는지 없는지도 확인해야 하고 부품이 고장났는지 여부도 확인해야 하죠. 부품값은 중고부품이 가장 저렴하지만 검증이 덜 되었기 때문에 사람들이 기피해요. 중고부품에 대한 인식이 좋아지고 널리 퍼지면 수리비도 좀 더 내려가지 않을까 생각해요.

아빠투툼몬 자동차 정비를 꿈꾸는 학생들에게 한 마디해주세요.

이코몬 자동차를 좋아하면 일이 즐거워요. 저는 10년 넘게 일을 했지만 아직 일이 재미있습니다. 자동차 정비업계도 방송처럼 1인 기업이 늘어나는 추세예요. 개인의 요구에 맞게 소형화되기도 하고 커지기도 합니다. 무인자동차를 대비하는 시점에서 프로그래밍도 같이 배워두면 도움이 될 거라고 생각합니다.

플라스틱 매직!
신기방기한 '오소점빵' 이야기

오소점빵 대표 오소몬

아빠투툼몬　　　창동 예술촌에서 오신 오소몬과 함께 이야기 나눠보
겠습니다. 안녕하세요? 소개 부탁드려요.

오소몬　　　창동 예술촌에서 오소점빵 공방을 운영하고 있는 오
소몬입니다. 점빵은 가게를 이르는 사투리인데요. '오만가지 소소한 것을
파는 정감가는 가게'라는 의미를 담고 있습니다. 오소에 다른 의미를 두
자면 오소를 거꾸로 뒤집으면 목걸이에 펜던트가 달려있는 모양이 됩니
다. 제가 액세서리를 만들다 보니 그런 이미지적 의미도 부여해 보았어
요. 점빵이 사투리라서 경상도 분들은 많이 알아 들으시지만 다른 지역분
들은 빵집이라고 오해를 하시기도 해요. (웃음)

제네시오몬　　　오소점빵이 하는 일에 대해서 설명해주세요.

오소몬　　　플라스틱 공예예요. 아직 우리나라에 들어온 지 얼마
되지 않아서 정확한 명칭이 없어요. 저도 친구 집에 놀러 갔다가 이것을
접하게 되었는데, 친구가 작은 오븐과 종이를 꺼내더니 종이에 원하는 것
을 그려보라고 하더라구요. 그림을 그렸더니 친구가 가위로 그것을 오리

고 오븐에 구웠죠. 그랬더니 플라스틱이 두꺼워지면서 펜던트가 됐어요. 원래는 유럽이나 일본에는 유행했지만 우리나라는 아직 초기단계예요. 이 작업에 사용되는 것이 '슈링크 필름'이라는 종이인데요. 열을 가하면 변질되는 열가소성플라스틱이라고도 합니다. 남녀노소 모두 그렇게 종이가 구워지는 모습을 보면 신기해하고 좋아하세요. 체험의 주 고객층은 어린아이들이 많아요. 자기그림이 빠른 시간에 액세서리가 된다는 것에 많이들 좋아하십니다. 잘 그리는 그림이 멋진 그림이 아니라 자신의 그림이 작품이 된다는 것이 의미가 있다고 봐요.

저희 공방에서는 체험도 해도 되고 만들어져 있는 작품을 구입해도 됩니다. 아직 이런 공방이 많지는 않다고 들었어요. 일반 종이에 원하는 그림을 그려서 스캔을 하는 방법으로 대량생산도 가능해요. 요새는 강아지나 고양이의 인식표가 대두되는 추세라서 반려동물의 주인들이 많이 옵니다. 목걸이 펜던트뿐만 아니라 애완동물 사진을 들고 오셔서 팔찌를 만들기도 하시고 활용도가 꽤 높아요.

아빠투툼몬		아티스트이지만 창업은 힘들었을 텐데 어떻게 일 년 동안 이끌어 오셨나요?

오소몬		처음에는 정말 막막했어요. 의지를 가지고 창업을 하게 된 경우가 아니라 갑작스럽게 하게 된 경우여서 더 그랬던 것 같아요. 어느 날 네이버에 청년장사꾼 프로젝트라는 배너가 있기에 들어가 보니 네이버에서 쇼핑몰을 여는 교육을 해주는 것이었어요. 사업계획서를 그때 처음 작성을 해보고 지원했었어요. 부산지역에 지원을 해서 그 수업을 들고 오픈을 하게 되었어요.

네이버에서 도움을 받아 쇼핑몰을 운영하다 보니 창업을 하는데 도움을 주는 다양한 지원 프로그램들이 있다는 것도 알게 되었습니다. 그 중 하나가 1인 창조기업 비즈니스 센터였어요. 그곳 입주지원 공고와 함께 창동 예술촌 모집 공고가 올라왔어요. 제가 나고 자란 곳이 창동 예술촌 옆이었고 친구가 그 곳에서 공방을 한 적이 있어서 저도 그 곳에 대해서 잘 알고 있었고 들어가고 싶었어요. 두 군데의 모집기간이 비슷한 시기여서 두 가지 동시에 지원하게 되었는데 두 곳 다 합격이 되어서 사무실이 두 개가 생겼어요.

참새몬　　　　　두 곳에서 사무실을 운영하면서 어려운 점은 없나요?

오소몬　　　　　일단 창동 예술촌의 소속 작가로서는 모임이나 회의에 무조건 참석을 해야 되고 오픈시간도 지켜야 해요. 1인 창조기업 비즈니스 센터의 경우는 출석일수도 맞춰야 하고 지원받는 금액에서 증빙도 해야 되서 정말 바빠요. 너무 바쁘다 보니 제가 작가인지 창업가인지 쇼핑몰 사장인지 정체성에 혼란이 오기도 해요.

아빠투툼몬　　　창업을 하면서 어려웠던 점이 있다면 이야기해주세요.

오소몬　　　　　일단 이윤을 창출을 해야 한다는 건데요. 회사를 다닐 때는 일을 하면 그대로 돈을 받았었는데 사업을 하면 일을 한만큼 돈이 들어올 때도 있고 아닐 때도 있어요. 월급은 계획적인 소비가 가능한데 지금은 계획적으로 소비를 하지 못해서 불안하기도 해요.

아빠투툼몬　　　플라스틱 공예를 배울 수 있는 곳이 있나요? 플라스틱 공예로 창업을 하고 싶다면 어떤 공부가 선행되어야 할까요?

오소믄　　　　플라스틱 공예가 도입이 된지 오래되지 않아서 전공으로 과목이 생기지는 않았어요. 제 전공은 시각디자인이었는데요. 시각디자인이 분야가 제일 광범위해요. 사실 공예는 또 다른 디자인과가 따로 있어요. 이 플라스틱 공예로 창업을 하고 싶다면 기본적으로 그림에 소질이 있어야 한다고 생각해요.

제네시오믄　　　　사진과 비슷한 것 같아요. 사진을 단순히 잘 찍는 것보다 빛을 이용해서 찍을 수 있어야 하고 사진을 인화하는 방법도 알아야 하고 편집기술도 필요하거든요. 복합적으로 여러 가지를 다 잘 해야 된다는 점에서 비슷한 것 같아요.

아빠투툼믄　　　　일이 많아지면 공장을 이용해야 될 수도 있을 것 같은데요. 그것에 대해서도 대비하고 있나요?

오소믄　　　　주문량이 많아지면 기뻐해야 되지만 혼자서 일을 하다 보니 실수를 할 때가 많아요. 그래서 핸드메이드 상품은 직접 만들되 다른 상품들은 공장에 맡기고 고객들에게는 선택지가 많아지도록 하려고 노력 중이에요.

참새믄　　　　좋아하는 일을 업으로 하고 계시는데 이것이 일처럼 느껴지시는지 궁금해요.

오소믄　　　　아직까지는 일이 재미있고 즐거워요. 제가 스케줄을 조정하지 못해서 힘든 것이지 내가 하고 싶었던 일이거든요. 좀 힘들다가도 고객들이 상품을 구입하고 인증샷을 보내주시면서 감사인사를 해주시면 기운이 납니다.

아빠투툼몬　　　　공방 관련해서 창업을 꿈꾸는 후배, 또는 디자인을 전공하면서 창업을 꿈꾸는 후배들에게 한마디 해주세요.

오소몬　　　　디자인을 한다는 건 자기의 것을 이미지화시키거나 구체화시키는 겁니다. 방학이나 휴학을 이용해서 자기의 것을 세상에 펼쳐보는 계기를 만드는 것이 디자이너로서 큰 도움이 될 거라고 조언해주고 싶어요. 거창하게 말고 소소하게 자신의 작품을 노트로 제작해본다거나 그런 식으로요. 학교를 다니면 교수님이나 동기들의 피드백만 받지만 창업을 하게 되면 세상의 피드백을 받는다는 사실을 명심해야 합니다.

옷 만드는 언니들!
해바라기 축제에 떴다

강주마을 해바라기 축제 운영위원회장 네모창몬

앤플라타 대표 알겠구몬

앤플라타 마케팅팀장 덕몬

상남영화제작소 제작팀 백수몬

아빠투툼몬　　오늘은 한 분이 아닌 여러 게스트를 모시고 이야기를 나눠볼텐데요. 각자 소개와 함께 인사 부탁드립니다.

네모창몬　　올해 4회 째 열리는 함안 강주 해바라기축제 기획, 집행을 맡고 있는 네모창몬입니다.

백수몬　　네모창님을 따라다니면서 배우고 있는 백수몬입니다.

알겠구몬　　2016년 4월에 신규 브랜드 앤플라타를 낸 알겠구몬입니다.

덕몬　　알겠구몬의 직원이자 창업멤버인 덕몬입니다.

네모창몬　　백수몬님과는 같은 지역에서 활동을 해서 오랫동안 알고 지낸 사이인데, 청년창업과 관련해서 소개를 받았어요. 해바라기 축제는 순수 마을 축제로서 민간 축제예요. 어떤 행정의 자금 지원도 없고 주민 자치적으로 자금을 마련합니다. 함안 같은 경우는 다른 지역에 비해서 산업체가 많아요. 그래서 거주환경이 열악한데 그런 것을 극복하고자 마을에서 만든 축제입니다. 돈이 많이 들지만 그런 모든 것들을 주민의 역량으로 마련하고 있어요.

아빠투룸몬　　　　특이한 경우네요. 대부분의 지역 축제는 시, 구에서 지원을 하는 걸로 알고 있는데 말이죠. 축제에 필요한 돈은 어떻게 모으나요?

네모창몬　　　　처음에는 법인을 만들었습니다. 마을의 어르신들이 조금씩 모은 돈으로 시작을 했는데 어르신들이 모아주신 자금을 어떤 제도화를 시키지 않고 쓰다 보니까 이렇게 돈을 사용하면 안 되겠다고 판단을 하고 법인을 만들게 되었죠. 어르신들이 모아주신 것을 출자로 돌려서 가치 있게 운영을 하고 여러 가지 수익사업을 통해서 수익이 생기면 어르신들에게 배당도 하면서 열심히 일하고 있습니다. 처음에 해바라기 사업을 강주마을 한 군데에서 시작을 했었는데요. 그 사업이 번창하면서 인근 마을도 참여를 하게 되면서 다섯 개 마을을 묶는 법인도 하나 더 생기게 되었습니다.

아빠투룸몬　　　　축제로만 수익을 내나요? 축제 외에도 다른 사업을 하시나요?

네모창몬　　　　해바라기는 작물 자체에서 소득이 생깁니다. 다른 꽃들은 그냥 보고 마는데 해바라기는 씨를 수확해서 가공을 해서 그것으로 수익을 내죠. 해바라기는 토양개선능력이 굉장히 뛰어나서 환경보호에도 도움이 됩니다.

아빠투룸몬　　　　그러니까 오늘 게스트들을 한 마디로 설명하자면 강주마을 해바라기 축제를 기획하시면서 모이신 분들이네요. 알겠구몬님과 오덕님이 운영하는 앤플라타에 대해서 소개를 듣고 싶어요.

알겠구몬　　　　앤플라타는 의류 브랜드이구요, 수도권 대도시만 몰려 있거나 유행하고 있는 의류나 패션을 지역에서도 발전해 나가고자 하는 취지로 만들어졌어요.

아빠투룸몬　　　　의류브랜드가 어떻게 해바라기 축제와 연관이 되어있나 궁금해 하는 분들을 위해서 설명을 해주세요.

오덕몬　　　　저희가 지역과 함께 상생하고 싶은 브랜드였는데 지역의 대표적인 것이 축제라고 생각했어요. 축제에 옷을 디자인해서 하면 그 축제도 공통성이 있고 우리도 함께 발전할 수 있다고 생각을 했죠. 지역축제의 성공한 사례인 해바라기 축제를 알게 되었고 강주 해바라기 축제와 관련된 티셔츠를 만들면 해바라기 축제를 더욱 더 알릴 수 있고 저희도 함께 성장할 수 있을 것 같다는 생각에 참여하게 되었습니다.

아빠투룸몬　　　　백수몬님은 이번에 영화를 제작했다고 들었는데 혹시 영화제작과 축제가 연관이 있나요?

백수몬　　　　사실 해바라기 축제에 기웃거린 것도 영화를 홍보하기 위함이었어요. 독립영화다 보니 홍보나 마케팅비용을 마련하는 것이 쉽지가 않거든요. 지금 영화 후반작업 중인데 CG로 나비 한 마리를 넣는 데 50만원 정도가 들어요. 음악도 다 창작을 해야 하구요. 강주마을 해바라기 축제에 22만 명이 왔다는 이야기를 듣고, 손님들에게 영화 홍보도 하고 그냥 홍보뿐만 아니라 음료 부스를 마련해서 음료 판매 수익을 영화제 작비로 사용해야 겠다는 목적을 갖고 네모창몬님에게 접근을 했어요.

아빠투툼몬　　　　　해바라기 축제의 경우 규모만큼 인력이 많이 필요할 것 같아요.

네모창몬　　　　　네, 축제 규모가 크기 때문에 아르바이트생도 많고 자원봉사자들도 많아요. 5~60명 정도의 스탭들이 있어야 해요. 저희 축제의 특징이 새벽부터 손님들이 몰린다는 거예요. 새벽에는 주로 작품 사진을 찍으시는 분들이 많아요. 평일이라고 해서 방문객들이 급감하거나 주말이라고 급증하는 경우는 없고 오전에 이른 시간에는 덜 복잡한 편이에요. 올해 축제는 여름에 뜨거울 때 축제를 하기 때문에 주로 행사들을 해질 때쯤으로 집중을 시키고 있어요.

아빠투툼몬　　　　　해바라기 축제는 언제부터인가요?

네모창몬　　　　　7월 8일부터 8월 7일까지예요. 대한민국 최고의 비보이팀도 서울에서 내려오고 현대무용단도 서울에서 내려오고 한양대학교 무용학과 교수님도 오셔서 평소와는 다른 여러 가지 춤을 보여주실 계획이고 지역의 가수들과 농악 무대도 만나실 수 있어요. 고전과 현대가 어울려지는 무대를 꾸며 놓았습니다.

아빠투툼몬　　　　　앤플라타는 해바라기 축제에서 다른 것은 안하나요?

알겠구몬　　　　　우리는 길마켓을 신청했어요.

백수몬　　　　　길마켓은 지역에 있는 재능 있는 분, 공방을 가지고 계시는 분들도 계시지만 공방 없이 작품을 만드시는 분들에게 판매장소를 열어주는 거예요. 문화공동체운동의 하나입니다. 도시에는 활성화가 잘 되어있는데 시골에서는 그런 것들이 없어요. 전문가들의 솜씨들을 펼쳐 볼 수 있는 경험이라고 할 수 있습니다.

아빠투룸몬 창업을 준비 중인 분들을 위해 마지막으로 한 마디씩 해주세요.

그렇구몬 지역 사회에도 충분히 인재들이 많다고 생각해요. 이미 펼쳐져 있는 곳만 우상으로 보지 말고 같이 힘을 모아서 지역에서도 떳떳하게 우리가 하고 싶은 일을 할 수 있다고 생각하고 도전을 해보면 좋겠어요.

오덕몬 관련 학과를 전공하지는 않았지만 하고 싶은 일이 있을 수 있어요. 무서워하지 말고 하고 싶은 일을 하는 것이 좋다고 조언하고 싶어요.

네모창몬 사실 저 같은 경우는 휴식이 필요해서 지방으로 내려오게 되었어요. 그러다가 지역 일에 관심을 가지다 보니까 너무 많은 일자리들이 비어있더라구요. 젊은 사람들이 필요한 지역들이 많아요. 제가 환갑이 넘어서 쉬어야 되는데 젊었을 때보다 더 일을 많이 하는 것 같아요. 젊은 사람들도 농촌 일에 관심을 많이 가졌으면 좋겠어요. 그리고 본인이 잘 하는 일을 하면 얼마든지 성공할 수 있다고 말해주고 싶어요.

백수몬 제가 다른 것은 몰라도 안 해서 못하지 못해서 안 하지는 않아요. 그런 생각으로 많은 도전을 했고 하는 일마다 잘 됐던 것 같아요. 좋아하는 것을 하면서 사는 청년들이 되었으면 좋겠습니다.

드림몬이 철저하게
두 얼굴로 살 수밖에 없었던 이유

닥터엠스 대표 드림몬

아빠투툼몬　　　지금 저희 앞에는 명함 두 장이 있는데요. 이 두 명함의 주인공을 모셔보겠습니다. 안녕하세요? 소개 부탁드려요.

드림몬　　　안녕하세요? 진해에서 닥터엠스 본점 대표로 있는 드림몬이라고 합니다. 저는 올해 40살이고 세 명의 아이를 두고 있습니다.

참새몬　　　어떤 계기로 창업을 하게 되셨나요?

드림몬　　　젊었을 때 가정형편이 좋지 않아서 군대를 부사관으로 갔다 왔어요. 군에서 15년 6개월 복무했고, 해군 훈련소 소대장으로 3년 6개월 정도 근무했어요. 진급도 빨리 하고 내 위치에서 정점을 찍고 있는 찰나에 멘토를 만나게 됐어요. 그분이 나에게 꿈이 무엇이냐고 물어보셨는데, 그 때부터 전역을 결심하게 됐어요. 그 전까지는 아내와 애들 셋을 잘 키우면 된다고만 생각했었거든요.

사실 제가 결혼 초기부터 빚을 좀 졌었어요. 친구들에게 돈을 빌려주는 경우도 있었고 카드빚이 많아지다 보니 사채에 손을 대기까지 했죠. 그러다 빚이 수억 원으로 불어났어요. 빚을 갚으려면 군인 월급으로는 안 되겠다는 생각을 했어요. 그래서 사업을 해야겠다는 생각을 했습니다. 그래서 군복무 하면서 투잡을 하기 시작했어요. 옷가게 하다가 망하고 다른 사업에 손을 대다가 또 망하고 그러면서 빚이 불어났어요. 노상에서 옷을 판 적도 있고 오만 일을 다 해봤어요. 군대에서는 모범적인 부사관으로 인정을 받았지만, 철저히 이중생활을 하면서 지낼 수밖에 없었어요. 전역하기 전까지 군대에서 내가 빚이 있다는 사실을 아는 사람이 단 한 명도 없었어요.

지금 멘토를 처음 만나게 된 건 5년 전쯤인데요. 힘든 훈련을 그렇게 많이 받아도 눈물 한 방울 흘리지 않던 제가 꿈이 무엇이냐는 질문을 들었을 때 얼마나 눈물을 많이 흘렸는지 몰라요. 결혼하고부터는 가장으로서 애들을 위해서, 아내를 위해서 살아야 하니까 제 꿈은 자연스럽게 잊혀지게 됐죠. 매일 빚 갚기 바쁘고 하루하루를 어떻게 살아가야 하는지 고민이 많았어요.

아빠투툼몬　　　　빚이 많은 상태에서 어떻게 새로운 사업 도전을 결심하게 됐나요?

드림몬　　　　하려고 하는 사람에겐 방법이 다 있다고 생각해요. 제가 옷 장사를 몇 번 실패하기도 했는데 그 이야기를 잠시 해드리자면, 제가 진해에 사는데 롯데마트가 생기고 그 뒤에 홈플러스가 생겼어요. 홈플러스에 입점하면 장사가 무조건 잘될 것이라고 생각했죠. 그래서 홈플러스의 아동복 코너에 입점했어요. 그런데 홈플러스가 롯데마트에 밀렸고, 사람들이 재래시장에 많이 가는 것도 매출에 영향이 미쳤어요. 홈플러스에 입점하면서 본사에 납부해야 하는 로열티가 많다는 것을 그때 처음 알았죠.

지금은 제가 프랜차이즈 카페의 본점을 운영하고 있는데 예전 기억 때문에 지점들에게 로열티는 10%만 받고 있어요. 로열티를 받는 이유는 앞으로 무료 목욕탕을 운영하기 위해서예요. 상호 윈윈을 해야 살아남을 수 있다는 것을 멘토를 통해서 배웠어요. 그냥 돈 많은 부자보다는 어떻게 하면 남도 살릴 수 있는지를 사업에 접목시켜서 닥터엠스를 만든 거예요.

아빠투툼몬　　　무료 목욕탕은 누구를 대상으로 운영할 계획인가요?

드림몬　　　노숙자, 전과자 및 사회 취약계층을 대상으로 할 계획입니다. 이들을 보면서 과거의 내 모습이 생각났어요. 지금 노숙자 신세라고 하더라도 그들도 과거에는 꿈이 있었을 텐데 왜 저렇게 됐을까 하는 생각도 많이 했어요. 제가 운영하는 카페 근처에 폐지 줍는 노인들이 계셨는데, 가까이 그런 분들이 있으면 빵, 커피를 드리곤 했어요. 근데 노숙자들은 우리가 도와주려고 해도 냄새가 나기 때문에 꺼려지는 부분이 있더라구요. 그분들이 깨끗하게 씻을 수 있는 곳이 있으면 좋겠다는 생각을 했어요. 지금 계획은 구청 등과 연계해서 헌 옷을 지원받고, 목욕 후 갱생 프로그램에도 참여할 수 있게 해주는 거예요.

지금 운영 중인 카페의 로고를 보면, 컵 안에 꿈을 담았어요. 이 커피를 한 잔 드시면 그 커피 한 잔 값의 10~20%를 기금으로 돌립니다. 그래서 소비자들도 커피 한 잔 마시고 끝나는 게 아닌, 기부를 하게 되는 겁니다. 그러면 저는 커피 한 잔 팔면서 기부 문화도 만들 수 있게 되는 거죠.

참새몬   우리나라에 창업 1순위가 카페고, 폐업 1순위도 카페라는 말이 있는데요. 카페 창업을 선택한 이유가 있나요?

드림몬   '우리나라에 카페가 포화상태이네. 그래서 카페 사업을 해야겠다.'라고 생각을 했어요. 레드 오션에서 기회를 찾으려고 했어요. 어떤 사업이든 80~90%의 사람들은 매출이 부진해요. 그래서 기존의 카페 사장님들에게 "내가 이 좋은 사업을 하고 있는데 간판 바꾸고 같이 닥터엠스를 할 의향이 있는가?"라고 찾아다니면서 물어봤어요. 죽어가는 가게들을 찾아다니면서 그 가게들의 매출도 올릴 수 있었어요. 다른 프랜차이즈는 로열티 등 본점에 줘야 하는 것들이 많은데 저는 그것을 없애고 지점들에게 부담을 주지 않으려고 했어요.

아빠투툼몬   사업을 처음 시작할 때 커피로 하려던 건 아니었다고 들었어요.

드림몬   맞아요. 원래 제 꿈이 남을 돕는 것이었고, 그 수단으로 삼은 것이 커피 사업이에요. 커피를 공부하다보니 커피 벤트라는 것이 있다는 것을 알았어요. 커피를 생산하는 나라를 보니까 전부 낙후된 나라였어요. 이런 것들을 보면서 나중에 커피를 하면 비즈니스적으로 그 나라에 들어가서 학교도 지어주고, 우물도 파고, 내가 돈만 주고 오는 것이 아니라 직원들을 다 데리고 몸소 도와줘야겠다는 생각을 했어요.

아빠투툼몬   카페를 사업 아이템으로 선정하고 시작하기까지 준비하는 과정은 어땠나요?

드림몬   카페 사업 준비는 10일 만에 했어요. 처음에 6평짜리 공간에서 카페를 시작했어요. 그 주위에는 파스쿠치, 이디야 등 다른 프랜차이즈 카페들이 많았어요. 그래서 주변에서 잘될 것이라고 생각한 사람은 아무도 없었죠. 하지만 1년이 채 안된 지금은 완전히 전세가 역전됐어요.

우리 가게에는 커피 머신이 없어요. 저는 왜 카페에 꼭 머신이 있어야 할까 하는 의문을 가졌고, 그것이 시작이 되어서 메뉴를 하나씩 개발하게 됐어요. 저는 일반적으로 사람들이 받아들이는 상식에 대해서도 의문을 품고 "왜?"라고 질문을 합니다. 사람들이 무슨 사업을 할 때 보면 힘들지 않냐고 물어봐요. 그러면 나는 그 일을 왜 힘들다고 생각하냐고 묻습니다. 그리고 "왜 그 일이 힘든지 힘들지 않은지부터 생각하냐. 그 일이 되는지 안 되는지 가치가 있는 일인지 없는 일인지 그것부터 먼저 생각하라."고 말하죠.

제 주위에 쟁쟁한 대기업 프랜차이즈 카페들이 많음에도 불구하고 자신 있었던 이유는 궁극적인 목적이 소비자를 기쁘게 해주고, 뚜렷하게 선한 목표를 갖고 좋은 재료를 쓰면서 가격도 저렴하기 때문이에요.

저는 진해에서 우리 가게보다 더 비싼 재료 쓰는 곳을 본 적이 없어요. 심지어 어떤 카페에 가면 원가 20원짜리 아메리카노를 파는데, 저는 그렇게는 못하겠더라구요. 사업적인 관점으로 보면 원가를 줄이고 매출을 높이는 것이 상식적이지만, 그건 제 가치관에 맞지 않아요. 그러니 커피의 맛은 당연히 좋을 수밖에 없죠. 맛있다고 입소문이 나면서 점점 손님이 늘기 시작했어요. 좋은 재료만 모아서 우리 가게에 방탄커(방금 탄 커피)

도 출시했어요. 지금은 6평짜리 가게에서 방탄커 매출만 하루 130만 원 정도 기록하기도 합니다.

아빠투툼몬　　닥터엠스는 현재 체인점을 두고 있나요?

드림몬　　현재 김해 내동에 하나, 진주에 하나가 있어요. 기존에 카페를 운영하던 사장님들이 프랜차이즈로 들어오는 경우가 있어요. 그리고 개인적으로는 제가 다니는 교회에서 카페 봉사를 하고 있습니다. 카페 봉사는 좋은 커피를 1000~1500원 정도 받고 성도들에게 대접하고 나머지 수익금을 장학금으로 운영하는 거예요.

젬베몬　　사업 시작할 때 나이도 많고, 지켜야 할 것들이 많아 주위에서 현실을 직시하라는 말을 많이 들었을 것 같아요. 창업을 생각하지만 현실적인 이유 때문에 망설이고 시작을 못하는 분들이 굉장히 많은데, 드림몬은 어떻게 그런 것들을 극복했나요?

드림몬　　우선 자기 스스로에 대한 신념이 있어야 합니다. 자기 신념이 가장 중요하다고 생각해요. 신념이 강하다면 남의 말에 쉽게 의지가 꺾이지 않습니다. 남들이 아무리 뭐라고 해도 내 스스로 나는 분명히 잘될 것이라고 알고 있어야 해요. 실제로 저는 굉장히 뚜렷한 목표를 갖고 있었어요. 무슨 사업이든 본인 의지가 확고해야 합니다. 또 생각만 가지지 말고 무조건 용기를 내서 행동할 것을 권하고 싶습니다.

만수르도 반해버린
주짓수 최강자

쎈짐 주짓수 마산점 대표 보스몬

아빠투툼몬 오늘은 마산 쎈짐 주짓수, 킥복싱 종합 격투기 체육관을 운영하고 있는 보스몬과 이야기를 나눠보겠습니다. 주짓수는 좀 생소한데, 어떤 운동인가요?

보스몬 상대방을 넘겨서 관절꺾기나 조르기 등으로 상대를 제압하는 운동이에요. 유일하게 여자가 남자를 제압할 수 있는 운동으로 알려져 있습니다. 미국의 특수부대에서는 필수적으로 해야 하는 운동이에요.

젬베몬 유도와 비슷한 건가요?

보스몬 일본 유도 고수가 브라질로 이민을 갔고 그레이시 가문에 정착을 했어요. 그레이시 가문에서 전파된 운동이 주짓수로 유도에서 파생된 운동이에요.

젬베몬 그럼 유도와 주짓수의 차이점은 뭔가요?

보스몬 유도는 넘기는 운동이 대다수인데, 주짓수는 상대방을 넘겨서 꺾고, 조르기나 제압하는 기술이 많아요. 요즘엔 기술들이 과학적이고 체계적으로 다양하게 나와 있습니다.

제네시오몬　　　제일 짧은 시간 안에 가장 많은 에너지를 소모하는 운동 중에 하나가 주짓수라고 들었어요. 여자들이 쉽게 배우기 어렵지 않을까요?

보스몬　　　여성분들이 처음에 오면 굉장히 어렵다고 느낍니다. 하지만 막상 하다보면 재밌어요. 실제로 체육관에 여성 회원도 많은데, 점점 여성 회원이 늘어나는 추세입니다.

제네시오몬　　　주짓수는 태권도와는 다르게 승급하기가 굉장히 어렵다고 들었어요. 정말 실력이 인정돼야 다음 단계로 올라갈 수 있다고 들었는데, 주짓수 띠는 어떻게 되어 있나요?

보스몬　　　white 〉 blue 〉 purple 〉 brown 〉 black 순으로 되어 있습니다. 보통 black까지 가는데 10년 걸립니다. 주짓수 black 벨트는 굉장히 대단한 분들이에요. 그리고 black belt에서 1단 따는데 보통 2년이 걸립니다.

아빠투툼몬　　　보스몬의 주짓수 경력은 어느 정도 되나요?

보스몬　　　5년째입니다. 지금 purple belt인데, Purple belt라도 선수 출신 purple과 아마추어 purple에는 실력 차이가 있어요. 주짓수 외에 킥복싱과 MMA(종합 격투기), 유도를 같이 했어요.

참새몬　　　대외 경력도 화려하다고 들었어요.

보스몬　　　2014년에 아시안게임 금메달(IBJJF)을 땄어요. 2015년에는 아부다비 주짓수 월드에서 동메달을 땄고, 2016년에는 필리핀에서 펜 아시안게임 purple belt 금메달을 땄습니다.

젬베몬　　　　　주짓수 대회는 개인적으로 나갈 수 있나요?

보스몬　　　　　소속팀이 있어야 합니다. 국내에서는 소속 없이 나갈 수 있지만, 세계 대회나 IBJJF 대회의 경우 팀이 있어야 해요.

제네시오몬　　　주짓수가 브라질 운동인데 왜 아랍에미리트에서 대회가 열리는 건가요?

보스몬　　　　　아랍에미리트 왕자 친척이 주짓수를 접하게 되는데, 너무 좋아해서 시작된 거예요. 그 친척이 만수르예요. 아랍에미리트가 돈이 많잖아요. 상금도 굉장히 많습니다. 아부다비 대회는 세계 3대 대회로 꼽히는데, 선발된 대표팀에게 항공편, 숙박을 모두 제공하고 있어요. 우승 상금은 띠 마다 다른데, black belt는 우리 돈으로 3~4천만 원입니다.

아빠투툼몬　　　체육관에서 가장 인기 있는 종목은 뭔가요?

보스몬　　　　　예전에는 킥복싱과 복싱이 유행했어요. 요즘에는 주짓수가 인기예요.

아빠투툼몬　　　주짓수가 신체 접촉이 많은 운동인데 여성분들이 부담스러워하지는 않나요?

보스몬　　　　　처음에는 저도 많이 부담스러웠어요. 하지만 주짓수를 하러 찾아온 여성분들은 주짓수를 좋아해서 왔기 때문에 그런 것들을 감안하면서 운동하고 있어요. 운동을 할 때 처음에는 여자는 여자분들끼리 연습을 하고 스파링도 여자끼리 합니다. 나중에 숙달되면 남자들과 같이 할 수 있게끔 해요.

아빠투툼몬   주짓수 체육관을 내기 위한 조건이 있나요?

보스몬   원래는 purple belt 이상 돼야 체육관을 오픈할 수 있어요. 그런데 우리나라에 주짓수가 들어온 지 얼마 되지 않아서 우리나라에서는 blue belt부터 많이 오픈합니다. 법적으로 문제는 없어요. 아무래도 관장의 실력에 좌우하다 보니. Blue belt라도 전국 대회에서 우승도 많이 하고 실력 좋은 분들이 많습니다. Purple, brown이라도 생활 체육으로 하는 사람들도 있고, blue라도 시합 나가는 사람들은 실력이 뛰어난 사람들도 많아요.

제네시오몬   체육관 운영에 있어 어떤 부분이 가장 힘들었나요?

보스몬   홍보하는 방법이라던지, 어떻게 홍보해야 하는지 잘 몰라서 어려웠어요. 지금은 자영업을 하는 친구들에게 홍보나 경영 관련해서 도움을 받고 있습니다.

제네시오몬   체육관 오픈 초기에는 어떤 홍보로 회원들을 유치했나요?

보스몬   그 당시에는 인터넷에 별로 활성화되지 않았어요. 그래서 많이 힘들었죠. 전단지와 현수막을 가장 많이 활용했습니다. 운동을 계속하고 홍보도 꾸준히 하다 보니 시간이 지나면서 관원들이 조금씩 들어오기 시작했어요. 지금은 인터넷 광고를 많이 활용하고 있습니다. SNS와 모바일 광고 그리고 카페, 블로그도 활용하고 있어요.

아빠투툼몬   체육관 조직이 있는 것으로 알고 있는데요. 어떻게 조직되어 있나요?

보스몬　　　　쎈짐지부 본관은 대구에 있어요. 대구에는 총 7개 지부가 있고, 마산에 2개 지부, 창원에 1개 지부가 있습니다. 전국에 총 26개 지부가 있어요. 쎈짐은 그냥 단체이지 프렌차이즈나 협동조합 형태는 아니에요. 같이 모여서 운동하고, 공유하고 같이 움직입니다. 쎈짐은 초기 등록비만 있고 매달 내는 회비는 없어요. 하지만 아무나 들어올 수 없는 협회죠.

아빠투툼몬　　　　체육관 오픈 준비할 때 어떤 것들을 미리 준비하면 좋을까요?

보스몬　　　　체육관도 교육기관이에요. 돈을 목적으로 할 바엔 안 하는 게 좋고, 본인이 운동을 좋아하고 제자들을 가르치려는 목적으로 체육관을 차려야 합니다.

젬베몬　　　　마지막으로 체육관 창업을 준비 중인 사람들에게 도움이 될 만한 팁을 주신다면요?

보스몬　　　　자신이 직접 운영해보고 본인만의 스타일을 찾아야 한다고 생각해요. 저도 남들이 뭐라고 얘기해서 방법을 찾은 것이 아니에요. 본인이 직접 해보면서 경험을 쌓고 자신의 스타일에 맞게 움직이는 것이 좋다고 생각해요. 직접 부딪혀봐야 합니다. 정답은 없는 것 같아요.

경남창조경제혁신센터장이
알려주는 창업의 모든 것

경남창조경제혁신센터장 창조몬

홍보담당 아트몬

아빠투툼몬　　　오늘은 경남 창조경제혁신센터에서 일하시는 두 분을 모시고 이야기를 나눠보겠습니다. 안녕하세요? 먼저 창조경제혁신센터가 무슨 일을 하는 기관인지 소개 부탁드려요.

창조몬　　　창조경제혁신센터는 전국에 18개 지방자치단체마다 설립이 되어있습니다. 지역에서 창업을 활성화 시키고 젊은이들이 제일 힘들어하는 부분인 취업에 대해서도 정보를 제공하고 취업을 위한 교육과 프로그램을 운영하고 있어요. 또 중소기업들의 문제 상황들을 잘 해결하고 지원해서 중소기업이 성장을 해서 세계적인 히든챔피언이 될 수 있도록 지원하는 역할을 하고 있습니다. 마지막으로 이 지역에 이런 활동을 통해서 창조경제라는 생태계를 조성해나가고자 합니다.

아빠투툼몬　　　창조경제혁신센터를 막연하게 창업하고 싶은 사람에게 지원해주는 곳이라고 생각했는데 다양한 사업이 이루어지고 있는 곳이군요. 취업에 관련해서도 많은 일을 하신다고 했는데 취업을 하고 싶은 사람도 이곳을 찾아가면 되는 건가요?

창조문 　　　　원래는 창업을 위주로 해서 창업을 지원하고 창업을 하도록 여러 가지 프로그램들을 만들어내면서 시작을 했는데 결국에는 창업이라는 것은 자기스스로 자기회사를 만들어서 사장이 되는 것이잖아요. 그것이 취업과 아주 관련이 없지 않다고 판단을 해서 고용존이라는 취업과 관련된 업무를 하는 부서를 최근에 오픈했습니다.

젊은이들은 여러 가지 이유로 중소기업을 가지 않으려하고 대기업에 취업을 하려고 해요. 반대로 중소기업은 사람을 구하지 못해서 힘든 부분이 많죠. 그래서 외국인 노동자들을 많이 고용하곤 하는데 이렇게 미스매칭된 부분을 매칭시키는 역할을 하려고 합니다. 중소기업에 대한 인식을 바꿔주기 위해서 중소기업 현장을 보여주기도 하고 중소기업대표들과 대화도 하면서 평소에 생각했던 것이 아니었구나 라고 깨닫게 도와줍니다. 그리고 지역에 특가산업에 필요한 인재를 육성하는 일은 우리가 자체적으로는 하지 않고 대학교들과 연계해서 학생들을 뽑고 그 학생들은 졸업을 하면 중소기업에 취업을 하는 조건으로 교육을 하고 있어요. 그리고 경남은 기계 산업이 발달될 지역이다 보니 기계 산업에 노후된 기계들 그리고 이것을 한 단계 도약하기 위한 인재들을 육성하는 일도 합니다.

직업에 대한 교육도 해나가고 있는데, 대학창조일자리센터와 저희 센터가 연계해서 같이 일을 하면서 실제 공장들이 필요로 하는 인력들을 우리가 확인을 하고 정보를 그 쪽에 제공하는 일을 하고 있어요. 취업을 원해서 오는 젊은이들이나 모든 사람들이 센터를 찾아주시면 상담을 하고 회사들을 매칭시켜주는 역할을 하고 있습니다.

아빠투툼몬　　　　센터의 지원을 받아서 창업을 한 회사가 아니라도 일반적인 기존에 있던 중소기업들도 연결을 해서 취업을 시켜준다는 것이네요.

창조몬　　　　쉽게 접근할 수 있는 곳이 입주기업입니다. 우리 센터에는 11개, 진주에 5개 정도로 약 20개 정도의 자리를 확보를 하고 있습니다. 그 입주공간을 이용할 수 있는 대상을 선정하기 위해서 매년 두 차례에 걸쳐서 아이디어 공모전을 진행하는데, 좋은 아이디어를 발굴해내기 위한 경진대회입니다. 그 수상자들에게 6개월간 입주공간을 활용해서 그분들이 사업절차들을 밟아나가도록 지원하고 있습니다.

아빠투툼몬　　　　경남 창조경제혁신센터에서는 어떤 행사들이 진행되고 있는지 소개해주세요.

아트몬　　　　매달 두 번째 주 목요일마다 에그데이가 있습니다. 아이디어를 가지고 그룹으로 모이는 날이라는 의미로, 치킨이나 달걀을 먹으면서 서로 교류하는 공간을 만드는 것이 에그데이입니다. 영화를 보고 창업특강을 듣는 문화의 날 행사도 있습니다. 그 외에도 창업캠프 등 다양한 행사들이 있습니다.

창조몬　　　　에그데이는 창조경제혁신센터를 알리고 많이 찾아오게끔 하기 위해 고민을 하다가 만든 행사 중 하나인데요. 모임이 소문이 나서 대학교의 산업협력단에서 교수님들과 학생들이 단체로 오기도 합니다. 이번에는 야외에서 에그데이를 개최해볼 계획도 있어요.

그 외에도 여러 가지 프로그램들이 있는데 목적별로 따지자면 창업을 북

돋우기 위해서 기업가정신도 교육하고 강연합니다. 실질적으로 창업과 관련되는 여러 가지 절차나 과정, 법 등 전문적인 강연도 하구요. 저희 센터에는 3D프린터가 18개가 있는데, 아이디어를 활용해서 시제품을 만들어볼 수 있는 프로그램도 있습니다. 대학생들이 창업을 해볼 수 있는 창업아카데미도 있구요.

참새몬　　　　　센터가 만들어진지 얼마 되지 않아서 최신식 건물이이에요. 도서관 같은 느낌의 카페 같더라구요.

제네시오몬　　　　저도 센터에 가봤는데 누구나 편하게 가서 일을 할 수 있는 분위기더라구요. 분위기가 딱딱하지 않아서 좋았어요.

창조몬　　　　　제가 센터장을 하면서 가장 뿌듯했던 것이 곳곳에 다양한 분들이 앉아서 창업에 관한 이야기를 나누고 상담을 하는 모습을 볼 때입니다. 그런 모습이 더 활발하게 유지되었으면 좋겠어요.

젬베몬　　　　　창업몬을 들으시는 분들 중에 1인 창업하시는 분들도 많이 있어요. 저 같은 경우에도 집에서 혼자 일을 하다보면 일이 전혀 안 될 때가 있는데, 그럴 때 카페에 갈 때도 있지만 카페에 가서 3,4천원 돈을 쓰는 것 보다는 센터에 가서 서로 교류를 하는 것이 좋은 것 같아요.

아빠투툼몬　　　아이디어만 있으면 아무것도 필요하지 않고 센터로 가면 되는 건가요?

창조몬　　　　　그렇습니다. 아이디어만 있으면 그것에 대한 멘토링부터 시작해서 구체화시키고 그 아이디어가 사업화가 되는 전 과정을 지원하고 있습니다.

아빠투툼몬　　　　기존에 창업을 한 사람인데 세무가 어렵다던지 법률적으로 문제가 생긴 사람들도 센터로 찾아가도 되나요?

창조몬　　　　당연하죠. 저희 센터의 기능 중 하나가 원스탑서비스라는 건데요. 한군데 장소에서 기능적으로 처음부터 끝까지 제공을 해준다는 의미입니다. 그것을 하기 위해서 법무부에서 공익법무원이 파견을 나와 있고 금융을 상담하고 지원해드리기 위해서 전직 은행 지점장이셨던 분이 퇴직을 하시고 상주하고 계십니다. 두산중공업에서 퇴직을 하신 다섯 분이 우리 센터에 교대로 출근을 하세요. 그분들이 가지고 있는 기업의 여러 가지 경영, 생산, 품질과 관련된 지식들을 가지고 상담을 해주십니다. 창업에 대한 뜻을 가진 사람 또는 아이디어를 가지고 창업을 시작한 사람들 모두 지원을 받을 수 있기 때문에 그냥 찾아만 와주시면 됩니다.

아빠투툼몬　　　　창소경제혁신센터는 어느 지역에 있나요?

창조몬　　　　광역시와 각 도에 다 있습니다. 경남에는 두 개가 있어요. 경남 지역의 대학생들, 젊은 사람들이 센터를 드나들면서 창업도 꿈꾸고 책도 읽고 토론도 하는 일들이 더 활발해졌으면 좋겠습니다.

아트몬　　　　경남창조경제혁신센터는 창원과 마산의 중간 부분인 경남과학기술진흥원 건물 2층에 교류공간이 마련되어있습니다. 많이들 찾아주세요.

나눔의 미학,
퉁이몬의 철학

길모퉁이 이안문화사업단 대표 퉁이몬

아빠투툼몬 오늘은 길모퉁이 이안문화사업단 대표 퉁이몬을 모시고 이야기를 나눠보겠습니다. 길모퉁이는 어떻게 만들어진 건가요?

퉁이몬 개인전시회를 준비하다가 시작된 단체인데요. 개인전시 전에 디자인을 공부하는 그곳에 봉사를 하러 갔지만 봉사를 당하고 온 느낌이 들었어요. 우리가 그들을 도와준다는 말도 선입견이었어요. 그곳에 가서 오히려 우리가 더 많은 것에 도움을 받았고 많은 것을 느끼게 되었어요.

그러면서 우리의 마음도 달라졌어요. 모든 사람이 마찬가지로 내면에 상처를 가지고 있고 그 상처 때문에 나도 모르게 이 세상을 살면서 뒤뚱거리기도 하고 넘어지기도 하고 슬퍼지기도 합니다. 그런 것들이 작품 속에 있었어요. 그렇게 생각하고 나니 어느 누가 장애인이 아니라고 할 수 있을까 라는 생각을 하게 됐어요. 모두가 마음의 장애든 외적인 장애든 성격의 장애든 다 장애를 가지고 있다고 생각해요. 그래서 그것을 그림으로 표현하게 되었고 어떤 아쉬운 분들은 음악으로 해보자고 하셔서 아트 콘서트라는 것을 만들었어요. 그러면서 우연치 않게 여러 작가님들이 모이게 되었죠. 열네 명의 작가님들과 창원 가로수길을 문화의 거리로 만들어보자고 마음을 모으게 됐고, 여러 작가들 뮤지션들이 모이게 되면서 이 활동들을 같이 하게 됐어요.

저희는 하나의 작품으로 아트상품도 만들고 전시도 하고 음악과 같이 콘서트도 하고 여러 가지 형태의 문화 사업을 하고 있어요. 그리고 그 문화 사업에서 일어나는 수익을 취약계층에게 나누는 사업을 하고 있습니다. 취약계층을 위한 사업으로는, 팔찌 만들기를 직업교육으로 해주고 있고 그들이 만든 팔찌를 전시를 하고 판매하고 있어요.

이런 식으로 직업재활에 기여를 한다든지, 호스피스 병동에 음악치료 봉사를 한다든지, 필리핀에 있는 아이들과 연결을 해서 학교를 보내고 부모들의 직업교육을 같이 연결한다든지, 호스피스 병동에 시한부 인생을 사시는 분들의 버킷리스트를 이루게 하는 등 여러 가지를 기획해서 나눔의 대상이 우리가 생각하는 취약계층이 아니라 취약계층이 나도 될 수 있다는 것을 나누는 것이 길모퉁이가 만들어진 이유고 저희가 사업을 해나가는 취지입니다.

아빠투툼몬　　　그럼 길모퉁이는 사업체로 등록이 되어있지 않나요?

툼이몬　　　제가 개인적으로 아내와 이안디자인이라는 디자인 회사를 18년째 운영을 하고 있어요. 디자인만 하다 보니 미술에도 관심을 가지게 됐고 디자인업을 하고 있다가 길모퉁이도 함께 운영을 하고 있어요. 제 디자인회사는 영리사업체고 길모퉁이는 비영리사업체라 엄연히 다릅니다. 길모퉁이를 운영하려면 지원이 필요한데 이안디자인에서 버는 수입으로 길모퉁이를 운영하고 있어요.

아빠투툼몬   18년 동안 운영을 하고 계시다는 이안디자인 회사는 어떻게 창업을 하시게 된 건가요?

툼이몬   대학교 때 전공은 컴퓨터공학이었어요. 학교를 다니면서 교수님이 추천해주셔서 교수님이 운영하고 계시던 컴퓨터 강사로 일을 했었습니다. 그러면서 창업동아리도 하게 되었죠. 처음에는 장사가 잘돼서 제가 돈을 잘 버는 사람인줄 알았어요. 오만함이 가득 찼을 때 망하게 됐죠. 사업을 여러 번 실패하고 너무 힘들어서 목숨도 포기하고 싶었을 때 당시 여자 친구이자 지금의 아내가 다 놓고 다시 시작하자고 하더라구요. 그렇게 이안디자인이라는 회사를 차리게 되었고 집에서 시작하게 되었어요.

둘이서 시작을 했는데 홈페이지 하나만 만들어도 먹고 살만하니까 그때부터 안정적으로 자리를 잡은 것 같아요. IT가 열악한 기업들이 많아서 주기적으로 계약을 하기 쉽지 않았는데, 그래서 주로 계약을 하게 되면 서울이나 부산으로 해요. 홍보 전략이 있다면, 저희는 가족기업이라 죽지 않는 한 끝까지 운영합니다 라고 말하는 거예요. 오히려 회사가 아주 작다는 것으로 어필했죠. 가족이라는 이름으로 신뢰를 얻었구요. 중소기업이 주 타겟이었지만 지금은 좀 바뀌어서 관리를 하지 않는 개인 홈페이지들을 저렴하게 관리하게 되었고 이안디자인의 기본적인 수입이 되고 있어요.

아빠투툼몬　　　길모퉁이라는 이름은 어떻게 짓게 된 건가요?

퉁이몬　　　여러 봉사자들과 이야기를 하다가 짓게 되었어요. 모퉁이라는 곳이 사람들이 잘 가지 않는 곳이잖아요. 그곳에서 우리가 하고 싶은 문화를 나눠보자는 의미로 길모퉁이로 짓게 되었습니다.

아빠투툼몬　　　저는 길모퉁이의 블로그를 꾸준히 구독하고 있는데요. 보니깐 다양한 활동들을 많이 하시는 것 같아요. 길모퉁이에서 요즘 어떤 활동을 하시는지 소개해주세요.

퉁이몬　　　주로 저희가 하는 것이 전시와 음악을 같이 하는 거예요. 카페 같은 곳에서 전시를 하고 카페 안에서 전시 작품을 이야기로 만들어서 음악도 만들고 음악으로 토크콘서트 형태로 사람들과 같이 공유하는 그런 아트콘서트를 합니다. 그리고 올해 매주 수요일마다 나눔 일터라는 중증장애인직업재활센터인데 팔찌를 만드는 교육을 하고 있어요. 이번주 금요일부터는 파티마 호스피스 병동에 음악치료 봉사를 나갑니다. 그리고 매달 마지막 주 목요일마다 창원청년문화예술포럼을 하게 되는데, 문화인들 간의 네트워크라고 생각하시면 될 것 같아요.

아빠투툼몬　　　저는 그림을 본다는 것 자체가 일반적으로 대중적이지 않다고 생각해요. 어떻게 보면 교양이 있는 사람들이나 보고 일반 사람들 중 유명한 화가의 작품을 전시한다고 해도 관심을 안 가지는 사람들이 많다고 생각하는데요. 그런데도 길모퉁이의 전시회에 사람들의 호응이나 반응이 어떤지 궁금해요.

퉁이몬　　　직접 접하지 않았기 때문에 그런 생각을 하는 거라고 생각해요. 그림을 하나하나 보게 되면 그림의 크기, 재질이나 그림을 어떤 걸로 그렸는지에 따라서 전달되는 느낌이나 메시지가 다 다릅니다. 한 작가의 작품은 작가의 삶, 생각, 순간적인 행위를 그린 것으로 우리의 삶과 똑같은 것들이 담겨져 있는데 하나의 작품이 한 권의 책만큼의 역할을 할 수 있어요.

아빠투툼몬　　　길밴드에는 평범하지 않은 분들이 구성원으로 계시다고 들었는데 그런 분들은 어떻게 섭외를 하셨나요?

퉁이몬　　　인맥이랄 것도 없고 우연히 나눔 일터를 갔다가 전시를 같이 하게 되었고 그러면서 하나하나씩 벌려지게 되었어요. 잘 했다고 생각한 것이, 나 혼자 감당하지 못 할일들도 많이 벌렸지만 그 일들을 다 해냈다는 거예요. 지금도 주변에서 많은 분들이 도와주고 있고 제가 굳이 섭외를 하려고 하지 않아도 여기저기서 도움을 주세요.

아빠투툼몬　　　언제까지 길모퉁이를 하실 계획인가요?

퉁이몬　　　아내와의 꿈은 우리가 50대, 60대, 70대가 되고 머리가 희어질 때까지 계속하자는 거예요.

젬베몬　　　지역에서 문화나 예술을 하시는 분들이 물론 본인들이 좋아서 하시는 분들도 많지만 이것을 어떻게 사업화 시키느냐를 고민하시는 분들도 많은 것 같아요. 문화사업을 준비하는 사람들에게 한 마디 해주세요.

퉁이몬　　　사업화에 대한 욕심은 저도 항상 갖고 있어요. 지역에는 재즈나 음악 공연 같은 것을 하면 관객 중에 20대분들이 거의 없어요.

4~50대분들이 많으시죠. 젊은 층들이 문화를 그렇게 즐기고 있지는 않는 것 같아요. 영화 티켓과 하우스콘서트 입장료가 거의 비슷한데 문화를 향유하는 고객층이 다양하지 않다보니 콘서트 티켓 가격은 더 내리게 되고 문화를 사업으로 하는 사람들은 보조금에 집중을 하게 돼요. 자율성도 잃게 되구요. 문화라는 것이 틀에 박히면 안 되는데, 그러면서 점차 틀에 박히게 되고… 악순환인 것 같아요. 문화를 사업적으로 하면서 돈에 집중하다 보면 그런 악순환에 휘말리게 될 겁니다.

창업몬을 시작한 지 1년 반이 흘렀다. 그동안 우리는 어떻게 변했을까? 창업동아리에서 처음 만나 어색함에 쭈뼛거리던 우리들이 이젠 누구보다 자주 만나는 친구들이 되었다. 실없는 아재개그에도 서로 배꼽을 잡고 웃는다. 처음부터 곁에 있었던 이들처럼 친근한 느낌이다. 어디 놀러 갈 곳이 없을까? 뭔가 재미있는 일이 없을까? 고민하는 우리들 표정이 천진난만하다.

매회 삶의 최전선에서 성실하게 앞으로 나아가는 사람들을 만나게 되었다. 게스트들은 요식업, 운동, 수공예, 출판, 광고, 플랫폼, 디자인 등 우리에겐 낯선 분야에서 자신의 꿈을 이뤄가고 있었다. 우린 세상이 이렇게 넓은 줄 미처 몰랐다. 게스트 한분 한분의 열정에 우리도 창업에 대한 의심이 사라지고 자신감이 더해졌다. 창업은 힘들지만 해볼 만한 도전이다.

창업의 첫 번째는 '사람'이라는 것을 깨달았다. 우리는 각자의 사업을 하고 있었지만 지금은 함께 하는 공동의 회사를 만들었다. 혼자일 땐 상상만 했을 꿈같은 일들이, 함께하니 현실이 되었다. 힘들었던 소득신고가 이젠 밥 먹듯 쉽다. 처음 우리는 자신의 전공 이외의 분야는 잘 알지 못했지만, 시간이 갈수록 지식과 경험을 나누며 완전체가 되어갔다.

두 번째는 '마음가짐'이다. 여지껏 만난 많은 대표님들은 하나 같이 자신의 일을 사랑하고 그 일을 할 때 비로소 '행복'을 느끼는 사람들이었다. 물론 우리 인생에서 '돈'은 없어서는 안 되는 것이지만 그렇다고 '돈'만 따라가는 사업은 자신을 불행하게 만든다. 적어도 우리가 생각하는 창업은 '돈'

보다는 '꿈'이고 '행복'이었다.

마지막으로 한 가지를 더 꼽자면 바로 '실행력'이다. 우리 창업몬도 그랬다. 완벽한 기획을 채 하기도 전에 스마트폰의 녹음기 어플 하나로 기획회의 하는 것을 녹음해서 0화로 올리며 시작하게 되었다. 물론 모든 일을 함에 있어 '철저한 계획'은 필요하다. 하지만 '완벽한 계획'은 없다. 해보지 않고서는 아무것도 결과를 알 수 없기 때문이다. 어쨌든 조금이라도 더 빨리 실행을 해보고 실패도 해보면서 몸으로 직접 부딪혀 배우는 것이 책상에 앉아서 책만 보고 생각하는 것보다 훨씬 더 가치 있는 뼈가 되고 살이 된다.

물론 창업에 정답은 없다. 같은 일이라도 누가 어떻게 하는가에 따라 그 결과는 달라진다. 다만 우리는 맨땅에 헤딩을 해가며 실패를 통해 체득한 일들을 필요한 누군가에게 전달하고 '경험 공유'의 가치를 실행하여 창업을 준비하는 사람들이 좀 더 탄탄한 역량을 갖추기를 기대한다.

인생은 한 치 앞도 알 수 없다. 하지만 우리는 오늘 하루도 힘차게 살고 있고, 늘 그랬듯이 꾸준히 무언가를 실행한다면 우리가 몰랐던 더 다양한 길이 열리리라 믿는다.

'실패한 것이 부끄러운 것이 아니다.
도전하지 못한 비겁함은 더 큰 치욕이다.'
_ 로버트 h. 슐러

이 도서의 국립중앙도서관 출판예정도서목록(CIP)은
서지정보유통지원시스템 홈페이지(http://seoji.nl.go.kr)와 국가자료공동목록시스템(http://www.nl.go.kr/kolisnet)에서
이용하실 수 있습니다. (CIP제어번호 : CIP2017011717)

오늘, 창업했습니다

초판 발행 2017년 5월 30일

지은이 창업몬 (강상오, 황원식, 신용운, 김용찬)

책임편집 주열매
마케팅 신용천 · 송문주
디자인 정혜욱

펴낸이 추미경
펴낸곳 베프북스
주소 경기도 고양시 덕양구 화중로 130번길 48, 6층 603-2호
전화 031-968-9556
팩스 031-968-9557
전자우편 befbooks75@naver.com
블로그 http://blog.naver.com/befbooks75
페이스북 https://www.facebook.com/bestfriendbooks75

출판등록 제2014-000296호
ISBN 979-11-86834-37-4 13320